Welcome to

Disney FAN Challenge

DISNEY FAN CHALLENGE

 KODANSHA

「ディズニーファン・チャレンジ」ってなに？

もっとディズニーを知って、もっと知識を深めたい人のための、ディズニー公式オンラインクイズイベントで、日本で初めての試みになります。問題は、1950年より日本でディズニー出版物を作り続けている講談社の出版物をベースにして作成されています。ディズニーのさまざまなジャンルから作成されたクイズは、全193問（出題は全100問）。ウォルト・ディズニーと歴史、長編アニメーション（1937-1967）、長編アニメーション（1970-1994）、長編アニメーション（1995-2022）、東京ディズニーリゾート、その他の、合計6つの分野から出題されました。

第1弾は、2023年11月1日から2024年1月15日まで開催。参加料金は4500円（税込み）でした。

メインアートは
アカデミックガウンにタッセルつきハットのミッキーたち

正解率も
表示されます。

クイズの結果はこんなレーダーチャートで //

その他

ディズニーの音楽、ディズニーストア、ウォルト・ディズニー・アーカイブスなどからの出題。ジャンルが多岐にわたるので意外に難しい！

得意分野が一目でわかる！

東京ディズニーリゾート

東京ディズニーランド、東京ディズニーシーのアトラクションや施設に関するクイズのほか、パークの歴史クイズや、ディズニーホテルのクイズも。

ウォルト・ディズニーと歴史

ディズニーの創始者ウォルト・ディズニーが製作したミッキーマウスのデビュー作、世界初のディズニーテーマパークなど、勉強になる歴史クイズ。

長編アニメーション

1937年に公開された世界初の長編カラーアニメーション『白雪姫』から、ピクサー作品を含む、2022年に公開された作品まで。3期に分かれています。

参加者全員オリジナル特典

ディズニーファン・チャレンジの
参加者全員がもらえる
オリジナル特典グッズ。
ネイビーカラーの
マルチケース入り。

内容
- A4サイズの
  マルチケース
- A5ノート
- ステッカー
- 缶バッジ
- 認定証

認定証には参加者の名前が

Front

認定証はチャレンジの証（あかし）

Back

参加者限定のオンラインショップで購入できたグッズ付きムック

すべてのグッズとセットになったポストカードBOOK

Mickey Mouse　Minnie Mouse　Donald Duck　Daisy Duck　Goofy　Chip'n Dale

クリアファイル
ミッキーデザインセット
（＆ポストカードBOOK）¥1500

クリアファイル ミニーデザインセット
（＆ポストカードBOOK）¥1500

スマホグリップ
（＆ポストカード
BOOK）¥2640

巾着セット
（＆ポストカード
BOOK）¥2640

トートバッグ
（＆ポストカード
BOOK）¥7800

エコバッグ
（＆ポストカード
BOOK）¥2640

Tシャツ（ホワイト/ブラック）（＆ポストカードBOOK）各¥5800

※グッズ付きムック（＆ポストカードBOOK）の販売は終了しています。

ディズニーファン・チャレンジ　公式ガイドブック

CONTENTS

この本の情報は2024年4月2日現在の情報に基づいています。最新情報については下記をご確認ください。
●映画やその他については……ディズニーの公式サイト　https://www.disney.co.jp
●東京ディズニーリゾートについては……東京ディズニーリゾート・オフィシャルウェブサイト　https://www.tokyodisneyresort.jp

ディズニーの仲間たち

Disney FAN Challenge

Characters

ディズニーにはさまざまなキャラクターがいます。
麗しいプリンセスやヒロインたち、恐ろしいヴィランズ、
オモチャやロボット、魚や動物や妖精たち……。
全員に共通していることは、映像やコミックなどから生まれているということ。
みんな、ストーリーを持っているのです。
この章では、ディズニーには欠かせない、
主役級のキャラクターたちを紹介しましょう。

ミッキーマウスと仲間たち

ミッキーとミニーがデビューしたのは1928年。「ミッキーマウス・シリーズ」などの短編が次々に製作され、どんどん仲間が増えていきました。

🔴 ミッキーマウス
Mickey Mouse

大きくて丸い耳、豊かな表情が世界中で愛されている、ディズニーを代表するキャラクター。正義感が強くて純粋な心を持っています。ウォルト・ディズニーの「すべては1匹のネズミから始まった」というセリフでも有名。

《デビュー年月日》
1928年11月18日
《デビュー作》
『蒸気船ウィリー』
《通称》
ミッキー

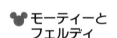

🔴 ミニーマウス
Minnie Mouse

《デビュー年月日》
1928年11月18日
《デビュー作》
『蒸気船ウィリー』
《通称》
ミニー

ミッキーといっしょにデビューした、彼の永遠のガールフレンド。明るくて思いやりがあります。おしゃれが大好きで、みんなのファッションリーダーでもあります。デビュー当時は帽子にお花をつけたスタイル。その後、大きなリボンに変化しました。

🔴 モーティーとフェルディ
Morty and Ferdy

ミッキーのやんちゃな甥っ子たち。コミックでデビューしました。

🔴 プルート
Pluto

ミッキーの愛犬。人なつこくて、ご主人様に忠実です。デビュー作では、大型犬ブラッドハウンドとして登場しましたが、まだ名前はありませんでした。『ミッキーのピクニック』（1930）ではローヴァーという名前で登場し、『ミッキーの大鹿狩り』（1931）でプルートという名前がつきました。

🔴 ピート Pete

ミッキーの宿敵の大きな山猫。『蒸気船ウィリー』でも、ミッキーと戦っています。実は、ピートはミッキーよりも先に「アリス・コメディー」というシリーズでデビューした、先輩キャラクターです。

《デビュー年月日》
1930年9月5日
《デビュー作》
『ミッキーの陽気な囚人』
《通称》
プルート

🔴 フィフィ
Fifi

🔴 ダイナ
Dinah

プルートの彼女たち

🔴 ホーレス・ホースカラー
Horace Horsecollar

ミッキーの古い仲間で、短編シリーズに登場しています。ホーレスはウマ、クララベルはウシです。

🔴 クララベル・カウ
Clarabelle Cow

ドナルドダック
Donald Duck

《デビュー年月日》
1934年6月9日
《デビュー作》
『かしこいメンドリ』
《通称》
ドナルド

Donald Duck

短気で負けず嫌い、自己中心的だけど、どこか憎めないアヒルです。グワッグワッという独特のしゃべりかたは有名ですよね。本名はドナルド・フォントルロイ・ダックらしい。デイジーに夢中。

デイジーダック
Daisy Duck

daisy duck

《デビュー年月日》
1937年1月9日
《デビュー作》
『ドナルドのメキシカン・ドライブ』
《通称》
デイジー

おしゃれでセクシーな、ドナルドの永遠のガールフレンド。『ドナルドのメキシカン・ドライブ』ではドンナ・ダックという名前でデビューしました。デイジーダックとして登場したのは、1940年の『ドナルドのダンス大好き』。

スクルージ・マクダック
Scrooge McDuck

ドナルドのおじさんでお金持ちのアヒル。1967年の『スクルージ・マクダックとお金』でスクリーンデビューしました。

ヒューイ、デューイ、ルーイ
Huey, Dewey & Louie

ドナルドの、生意気で腕白な甥っ子たち。1938年の『ドナルドの腕白教育』でデビューしました。

Goofy

chip 'n' dale

グーフィー
Goofy

《デビュー年月日》
1932年5月25日
《デビュー作》
『ミッキー一座』
《通称》
グーフィー

お人好しでいつもハッピーな性格です。『ミッキー一座』ではディピー・ダウグ（おかしな犬）という名前でデビュー。そのおとぼけぶりが買われて仲間入りし、『ミッキーの芝居見物』(1934)でグーフィーという名前がつきました。

チップ＆デール
Chip 'n' Dale

《デビュー年月日》
1943年4月2日
《デビュー作》
『プルートの二等兵』
《通称》
チップ　デール

ドナルドにいたずらを仕掛けるシマリスコンビ。デビュー作ではまだ、名前も2匹の区別もありませんでしたが、3作目の『リスの住宅難』(1947)で名前がつきました。黒い鼻で前歯1本がしっかり者のチップ、赤い鼻で前歯2本がちゃっかり者のデールです。

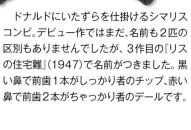

マックス Max
グーフィーの息子。ダンスが得意で、ドジな父親がちょっぴり恥ずかしい年頃の14歳。1992年のテレビシリーズで人気者に。

クラリス
Clarice
1952年の『リス君は歌姫がお好き』に登場した歌姫。セクシーな仕草でチップとデールを悩殺します。

※各データは編集部調べです。映画の公開年は、アメリカで公開された年です。

ディズニープリンセス

いつの時代も、ディズニーの物語に登場するプリンセスは小さな女の子たちの憧れでした。その勇気と優しさは、周囲を明るく照らします。

白雪姫
Snow White

雪のような白い肌にバラのような赤いくちびる、漆黒の髪を持つ純真なプリンセス。美しい歌声は通りがかりの王子も、森の動物たちも魅了します。継母に殺されそうになり、森の奥の7人のこびとの家にかくまわれます。

《デビュー年月日》
1937年12月21日
《デビュー作》
『白雪姫』

シンデレラ
Cinderella

父親亡き後、継母と2人の義姉にこき使われますが明るく働く、ポジティブな娘です。フェアリー・ゴッドマザーの魔法で銀青色のドレスとガラスの靴を身に着け、カボチャの馬車でお城の舞踏会へ。王子と出会います。

《デビュー年月日》
1950年2月15日
《デビュー作》
『シンデレラ』

オーロラ姫
Princess Aurora

王女として生まれながら、魔女の呪いのため、森の娘ブライア・ローズとして、3人の妖精に育てられました。美しい歌声とおやかさ、優しさを持っています。フィリップ王子と運命の出会いをします。

《デビュー年月日》
1959年1月29日
《デビュー作》
『眠れる森の美女』

ポカホンタス
Pocahontas

アメリカ先住民パウアタン族の首長の娘で、大地を崇め風と語る自由奔放な魂の持ち主。イギリスの探険隊の一員ジョン・スミスと恋に落ちます。歴史上では、アメリカとイギリスの架け橋となる、実在した人物です。

《デビュー年月日》
1995年6月23日
《デビュー作》
『ポカホンタス』

ムーラン
Mulan

《デビュー年月日》
1998年6月19日
《デビュー作》
『ムーラン』

古の中国の、由緒あるファ家のひとり娘。家族思いの優しい性格ですが、古いしきたりに縛られることを嫌う、強く自由な心の持ち主でもあります。年老いた父の代わりに男装して徴兵に応じ、戦場に赴きます。中国の伝説「木蘭辞」の主人公。

ティアナ
Tiana

ジャズの発祥地ニューオーリンズで、自分のレストランを開くことを夢見て働く娘。真面目で頑張り屋ですが、カエルに変えられたナヴィーン王子に頼まれてキスをしてあげたら、自分もカエルの姿になってしまいます!

《デビュー年月日》
2009年12月11日
《デビュー作》
『プリンセスと魔法のキス』

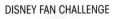

アリエル
Ariel

《デビュー年月日》
1989年11月17日
《デビュー作》
『リトル・マーメイド』

海の王トリトンの、7番目の末娘。人間の王子エリックに恋をする、奔放な人魚のプリンセスです。姉妹のなかで一番歌が上手ですが、海の魔女と取引をして声の代わりに人間の足をもらい、憧れの人間世界へ身を投じます。

ベル
Belle

本と空想の世界が大好きな美しい娘。外見で人を判断せず、一度決めたことは絶対に曲げない意思の強さを持っています。呪いで野獣に変えられた王子と反目しあいますが、だんだんお互いに惹かれていきます。

《デビュー年月日》
1991年11月22日
《デビュー作》
『美女と野獣』

ジャスミン
Jasmine

《デビュー年月日》
1992年11月25日
《デビュー作》
『アラジン』

砂漠の王国アグラバーの、賢くて勝ち気な王女。王子と結婚させられるしきたりに反発し、お忍びで出かけた下町で貧しい青年アラジンと出会います。彼といっしょに魔法のじゅうたんに乗り、夜空を旅します。

ラプンツェル
Rapunzel

《デビュー年月日》
2010年11月24日
《デビュー作》
『塔の上のラプンツェル』

21mもの長い髪を持ち、高い塔の中で暮らす少女。実は、育ての親ゴーテルに誘拐されたプリンセス。魔法の髪は傷を癒やす力を持っています。フリン・ライダーといっしょに旅するうちに恋に落ちます。

メリダ
Merida

《デビュー年月日》
2012年6月22日
《デビュー作》
『メリダとおそろしの森』

ダンブロッホ王国の王女。愛馬で森を駆けるのが大好きな弓の名手で、エレガントにしつけようとする母エリノアに反発しています。なお、メリダはピクサー作品の主人公。異色のプリンセスです。

《デビュー年月日》
2016年11月23日
《デビュー作》
『モアナと伝説の海』

モアナ
Moana

南の楽園モトゥヌイの村長の娘。努力家で強い信念を持っています。ずっと海に憧れていましたが、村では、危険な遠い海に出ることは禁止されていました。モアナは心の声に従って、世界を救うために航海に出ます。

PIXAR ピクサー・アニメーション・スタジオ

オモチャから始まり、モンスターや魚の世界……
果ては死者の世界や人間の感情たちの世界まで、
独自の世界観を追求するピクサー。
代表的なキャラクターをご紹介します。

⭐ ウッディ
Woody

⭐ バズ・ライトイヤー
Buzz Lightyear

WOODY

BUZZ LIGHTYEAR

ウッディは保安官の人形です。正義感が強くて仲間思いですがちょっぴり焼きもち焼き。バズはスペース・レンジャーのアクションフィギュアで、ちょっぴり天然キャラ。2人は『トイ・ストーリー』で出会って親友になりました。

《デビュー年月日》
1995年11月22日
《デビュー作》
『トイ・ストーリー』

←『トイ・ストーリー』。ウッディたちのご主人様アンディへのプレゼントとしてやってきたバズ。自分を本物のスペース・レンジャーだと思い込んでいる彼に、ウッディはイライラ。

➡『トイ・ストーリー2』。ウッディは昔のテレビ番組「ウッディのラウンドアップ」のヒーローだったことが判明。しかも、マニアが欲しがるプレミア人形だったのです。

←『トイ・ストーリー3』。アンディ少年は、まもなく大学生。オモチャたちはサニーサイド保育園へ寄付されて大冒険を繰り広げたのち、ボニーという少女に譲られます。

⬆『トイ・ストーリー4』。2作目で姿を消したボー・ピープと運命の再会を果たしたウッディは、仲間たちとの別れを決意します。

⭐ サリー／
ジェームズ・P・サリバン
Sulley／James P. Sullivan

⭐ マイク・ワゾウスキ
Mike Wazowski

《デビュー年月日》
2001年11月2日
《デビュー作》
『モンスターズ・インク』

サリー（左）とマイク（右）は、モンスターズ社の社員。人間界へ侵入し、子どもたちを脅かして、エネルギー源となる悲鳴を集めるのが仕事です。真面目なサリーは実力No.1の怖がらせ屋で、お調子者のマイクはその相棒。

Chapter 11

★ ドリー Dory　★ ニモ Nemo　★ マーリン Marlin

オーストラリアの珊瑚礁グレート・バリアリーフに住む魚たちの物語。ドリーは忘れん坊のナンヨウハギ、ニモ（息子）とマーリン（父）は親子のカクレクマノミ。臆病なマーリンは、さらわれたニモを捜す旅を通して成長していきます。

《デビュー年月日》
2003年5月30日
《デビュー作》
『ファインディング・ニモ』

★ ライトニング・マックィーン Lightning McQueen　★ メーター Mater

車たちが人間のように暮らす世界。ライトニング・マックィーンは天才レーサー。人気を鼻にかけて傲慢になっています。純朴なおんぼろレッカー車、メーターたちの住む町に迷い込んだマックィーンは、スピードよりも大切なことを学びます。

《デビュー年月日》
2006年6月9日
《デビュー作》
『カーズ』

★ ラッセル Russell　★ カール・フレドリクセン Carl Fredricksen

カール・フレドリクセンは妻に先立たれた78歳の老人です。無数の風船で家を飛ばし、妻と約束した南米へ！ 近所に住む8歳の少年ラッセルは自然探険隊の隊員。巻き込まれて、いっしょに旅することになります。

《デビュー年月日》
2009年5月29日
《デビュー作》
『カールじいさんの空飛ぶ家』

★ ヨロコビ Joy　★ カナシミ Sadness

《デビュー年月日》
2015年6月19日
《デビュー作》
『インサイド・ヘッド』

11歳の少女ライリーの頭の中の感情たちの物語。彼らは、ライリーを幸せにするために働いています。感情たちの仕事は、その名前のとおりです。ヨロコビとカナシミの他、ムカムカ、ビビリ、イカリの5つの感情がいます。

《デビュー年月日》
2004年11月5日
《デビュー作》
『Mr.インクレディブル』

★ Mr.インクレディブル／ボブ・パー Mr. Incredible／Bob Parr
★ イラスティガール／ヘレン・パー Elastigirl／Helen Parr

ボブとヘレンが結婚して、スーパーヒーロー一家が誕生しました。左から、ママのヘレンは体がゴムのように伸びる。パパのボブは怪力。末っ子のジャック・ジャックは未知数。長女のヴァイオレットは姿を消してバリアをはれる。長男のダッシュは高速走行の力があります。

★ レミー Remy
★ アルフレッド・リングイニ Alfred Linguini

《デビュー年月日》
2007年6月29日
《デビュー作》
『レミーのおいしいレストラン』

レミーは、シェフになることを夢見る、料理の天才ネズミ。リングイニは、レストランで働く見習いの青年。レミーは彼の帽子の中に入って、影武者として腕を振るいます。

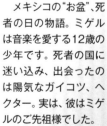

★ ヘクター Héctor　★ ミゲル Miguel

メキシコの"お盆"、死者の日の物語。ミゲルは音楽を愛する12歳の少年です。死者の国に迷い込み、出会ったのは陽気なガイコツ、ヘクター。実は、彼はミゲルのご先祖様でした。

《デビュー年月日》
2017年11月22日
《デビュー作》
『リメンバー・ミー』

DISNEY VILLAINS

ディズニーヴィランズ

ヴィラン(villain)とは、悪役のこと。ディズニー作品における悪役たちのことを、ディズニーヴィランズと呼びます。思うがままに生きる彼らは、悪の魅力がたっぷり。

女王／魔女
Queen／Witch

《デビュー年月日》
1937年12月21日
《デビュー作》
『白雪姫』

白雪姫の継母。世界一の美貌を誇り、姫の美しさを妬んで殺そうとします。魔法の薬で魔女に変身し、毒リンゴを作って姫に食べさせます。

正直ジョン／
J・ワシントン・ファウルフェロー
Honest John／J. Worthington Foulfellow

ギデオン
Gideon

《デビュー年月日》
1940年2月7日
《デビュー作》
『ピノキオ』

ピノキオをだまして売り飛ばす詐欺師。子分の猫、ギデオン(左)と、親分のキツネ、ファウルフェロー(右)のコンビです。

ガストン
Gaston

《デビュー年月日》
1991年11月22日
《デビュー作》
『美女と野獣』

町一番の美女ベルを妻にするため、強引に迫ったり画策したりする狩人。力自慢でハンサムなので町では人気者ですが、ベルいわく「頭が空っぽ」。常にガストンを褒めたたえている腰巾着はル・フウ(右)。

ジャファー
Jafar

《デビュー年月日》
1992年11月25日
《デビュー作》
『アラジン』

催眠術が得意なアグラバーの大臣。王国支配を企み、魔法のランプを手に入れるために暗躍します。手下のオウムはイアーゴ。

トレメイン夫人
Lady Tremaine

《デビュー年月日》
1950年2月15日
《デビュー作》
『シンデレラ』

シンデレラの父の後妻で継母。洗練された女性ですがいじわるく冷酷。父が亡くなってからは、2人の連れ子、ドリゼラ(中央)とアナスタシア(左)とともに、シンデレラをメイドがわりにこき使います。

アースラ
Ursula

タコのような姿の海の魔女。言葉巧みにアリエルを誘導して、声を対価に人間の足を与える契約をしますが、トリトン王に代わって海の支配者になることが目的。王子をだますために、人間の美女バネッサに変身もします。

《デビュー年月日》
1989年11月17日
《デビュー作》
『リトル・マーメイド』

フック船長
Captain Hook

《デビュー年月日》
1953年2月5日
《デビュー作》
『ピーター・パン』

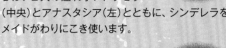

ネバーランドに停泊する海賊船の船長。ピーター・パンと戦って左手をなくし、鉤爪をつけています。手下は、気のいいスミー(右)。

Chapter 1

ハートの女王
Queen of Hearts

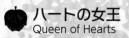

アリスが迷い込んだふしぎの国のトランプの女王。いじわるで尊大な支配者です。癇癪を起こして「首をおはね!」と叫ぶのが常。

《デビュー年月日》
1951年7月28日
《デビュー作》
『ふしぎの国のアリス』

マレフィセント
Maleficent

《デビュー年月日》
1959年1月29日
《デビュー作》
『眠れる森の美女』

宴に招かれなかったことを恨み、オーロラ姫に死の呪いをかけた魔女。紫と黒の長いマントに身を包み、緑色の炎をまとわせたその姿は美しくスタイリッシュ。強大な魔力を持ち、巨大なドラゴンに変身してフィリップ王子と戦います。

《デビュー年月日》
1961年1月25日
《デビュー作》
『101匹わんちゃん』

クルエラ・ド・ビル
Cruella De Vil

ダルメシアンの飼い主アニータの友人で、毛皮マニアの女。ダルメシアンの子犬で毛皮のコートを作ろうと企み、99匹の子犬を集めます。

スカー
Scar

プライドランドの王ムファサの弟で、シンバの叔父。王位を狙って密かにハイエナと手を組み、ムファサを亡き者としてシンバを追放します。

《デビュー年月日》
1994年6月24日
《デビュー作》
『ライオン・キング』

ハデス
Hades

クロード・フロロー判事
Judge Claude Frollo

《デビュー年月日》
1996年6月21日
《デビュー作》
『ノートルダムの鐘』

醜いカジモドをノートルダム大聖堂に閉じ込めて育てた、邪悪な最高裁判事。美しい踊り子エスメラルダに執着し、暗躍します。

オリンポスの最高神ゼウスの弟で死を司る冥界の王。神々の国オリンポス乗っ取りを企て、ゼウスの息子ヘラクレスを亡き者にしようと、次々に怪物を差し向けて陰謀を巡らせます。髪は青い炎で、怒ると赤い炎が燃えさかります。

《デビュー年月日》
1997年6月27日
《デビュー作》
『ヘラクレス』

ファシリエ
Dr. Facilier

《デビュー年月日》
2009年12月11日
《デビュー作》
『プリンセスと魔法のキス』

"別世界の友"の力を借りて悪事を行う、ブードゥー教の邪悪な魔術師。ナヴィーン王子をだましてカエルに変え、金儲けを企てます。

ゴーテル
Mother Gothel

《デビュー年月日》
2010年11月24日
《デビュー作》
『塔の上のラプンツェル』

幼いラプンツェルを誘拐し、自分の娘として塔に閉じ込めて育てた悪女。ラプンツェルの髪の力で若返っていますが、本当は400歳。

ヒーロー、ヒロイン

人間やエイリアン、ロボットなど、
ヒーローやヒロインも大活躍のディズニー作品。
2013年になると、『アナと雪の女王』のように、
それまでとは異なるヒロインたちが登場しました。

《デビュー年月日》
1953年2月5日
《デビュー作》
『ピーター・パン』

⭐ ピノキオ
Pinocchio

《デビュー年月日》
1940年2月7日
《デビュー作》
『ピノキオ』

ゼペットさんが作った、木のあやつり人形。
妖精が命を与えてくれました。正直で優しい
勇気のある子になれば、本当の人間の子ども
になれるのです。でも、悪いヤツにだまされ
たり誘惑に負けたり、受難は続きます。

⭐ ピーター・パン
Peter Pan

ネバーランドに住む空飛ぶ少年。永
遠に大人にならないので、いつまでも
少年らしく、自由奔放で気まぐれです。
"ロスト・ボーイズ"とも呼ばれる迷子
たちのリーダー。ウェンディ姉弟3人
をロンドンから連れ出します。

⭐ 野獣／ビースト
Beast

一夜の宿を乞う醜い老婆を突き放し
たせいで、野獣に変えられてしまった王
子。外見で物事を判断した報いを受け
たのでした。魔法のバラの花びらがすべ
て散る前に、誰かを愛し、愛されなけれ
ば、彼と従者たちは人間に戻れません。

《デビュー年月日》
1991年11月22日
《デビュー作》
『美女と野獣』

⭐ アラジン
Aladdin

砂漠の王国アグラバーの下
町に住む青年。"こそ泥"と呼
ばれ、貧しくても、真っすぐで
純粋な心の持ち主。3つの願
いを叶えてくれる魔法のラン
プを手に入れ、一目惚れした
王女ジャスミンのために、王子
アリ・アババワに変身します。

《デビュー年月日》
1992年11月25日
《デビュー作》
『アラジン』

⭐ スティッチ
Stitch

悪の天才科学者ジャンバ博士が作っ
たエイリアンで、試作品626号。地球
に不時着し、ハワイに住む少女リロに
保護されてスティッチという名になり
ました。凶暴ですが力が強くて知能も
高く、いろいろなことができます。

《デビュー年月日》
2002年6月21日
《デビュー作》
『リロ＆スティッチ』

⭐ カジモド
Quasimodo

醜く生まれつきながら、
美しくピュアな心を持っ
た青年。フロロー判事に
よってノートルダム大聖
堂に隔離され、鐘つき男
として暮らしています。
ある日、こっそり鐘楼を
抜け出して出会ったエス
メラルダに恋をします。

《デビュー年月日》
1996年6月21日
《デビュー作》
『ノートルダムの鐘』

⭐ ヘラクレス／ハーク
Hercules／Herc

《デビュー年月日》
1997年6月27日
《デビュー作》
『ヘラクレス』

オリンポスの最高神ゼウスと、女神ヘラの息子。ハ
デスの企みによって、半神半人で怪力という体になっ
てしまいます。神の世界に戻るため英雄修行をするう
ち、謎の美女メガラ（左）に出会って恋に落ちます。

アリス
Alice

《デビュー年月日》
1951年7月28日
《デビュー作》
『ふしぎの国の
アリス』

好奇心が強くておしゃまな、イギリスの少女。時計を持った白うさぎを追いかけて穴に飛び込んだら、そこはふしぎの国でした。体が伸びたり縮んだり、こぼした涙が池になったり。へんてこな冒険が始まります。

ヴァネロペ・フォン・シュウィーツ
Vanellope von Schweetz

お菓子の国のレースゲーム「シュガー・ラッシュ」のキャラクターで、欠陥プログラムとされていますが、実はこのゲームの王女。元気いっぱいでレースが大好き。レトロなゲームのキャラクター、ラルフと仲良くなり、レースの優勝を目指します。

《デビュー年月日》
2012年11月2日
《デビュー作》
『シュガー・ラッシュ』

ラーヤ
Raya

《デビュー年月日》
2021年3月5日
《デビュー作》
『ラーヤと
龍の王国』

ハートの国の長ベンジャの娘。"龍の石"の守護者で、剣の腕を磨いた屈強な戦士です。昔のトラウマがあり、人を信じられません。魔物ドルーンによって石化した父を取り戻すため、世界を救えるはずの龍、シスーを探し出していっしょに旅をします。

ミラベル・マドリガル
Mirabel Madrigal

コロンビアにある、魔法の力に包まれた家で暮らすマドリガル家の三女。さまざまな"魔法のギフト"を持った家族のなかで、1人だけギフトを持たない普通の少女です。持ち前の明るさと行動力で家族を救います。

《デビュー年月日》
2021年11月24日
《デビュー作》
『ミラベルと
魔法だらけの家』

ベイマックス
Baymax

《デビュー年月日》
2014年11月7日
《デビュー作》
『ベイマックス』

サンフランソウキョウ工科大学の学生タダシ・ハマダが作った、人の心と体を癒やすケア・ロボット。タダシが亡くなった後、弟のヒロ（上）に託されます。ヒロが作った赤い装甲をつけると、すごいスピードで空を飛びます。

エルサ
Elsa

北欧の国アレンデール王家の長女。父母亡き後は女王になります。生まれつき、雪と氷を自由に操る魔法の力を持ち、その力によって幼い妹を傷つけてしまったことから、人前に出ることを恐れています。慎重で真面目な性格。

《デビュー年月日》
2013年11月27日
《デビュー作》
『アナと雪の女王』

アナ
Anna

アレンデール王家の次女。魔法の力はありません。姉のエルサの魔法で傷つけられたことは記憶にないので、姉に避けられる理由がわからずに悩みます。ひとりぼっちで育ったため、寂しがり屋。人なつっこくて明るい性格。

←↓女王になるための戴冠式後、人々に秘密がバレてしまったエルサ。その場から逃げ出し、抑えてきた魔法の力を解放します。上げた髪を解き、開放的なドレス姿の雪の女王となります。

↑姉を探しに行ったアナは、おしゃべりする雪だるまに出会います。陽気で子どものようにピュアな彼の名前はオラフ。エルサが魔法で作った雪だるまでした。

動物たち

ディズニー作品といえば、
かわいい動物キャラクターのイメージ!?
でも、かわいいだけじゃないから人気があるんですよ。
研究し尽くされたリアルな動きや、
人間顔負けの表情が魅力的なのです。

🐾 ダンボ
Dumbo

サーカスのゾウ、ジャンボの息子で、耳がとても大きい赤ちゃんゾウです。耳の大きさをからかわれて仲間外れにされましたが、ネズミのティモシーやカラスたちの励ましで、耳を羽のように動かして飛び、サーカスのスターになりました。

《デビュー年月日》
1941年10月23日
《デビュー作》
『ダンボ』

🐾 バンビ
Bambi

森のプリンスとして生まれた子ジカ。ウサギのとんすけやスカンクのフラワーたちといっしょに育っていきます。過酷な冬を乗り越え、母の死を経験したバンビは、角が生えて大人の雄ジカに成長。幼なじみの雌ジカ、ファリーンを伴侶とし、森の王様となります。

《デビュー年月日》
1942年8月13日
《デビュー作》
『バンビ』

くまのプーさん
Winnie the Pooh

くまのプーさんたちが住む100エーカーの森は、クリストファー・ロビンという男の子の想像の世界です。プーさんはぬいぐるみで、ピグレット、ティガー、イーヨー、カンガとルーも同じ。仲間たちのうち、ラビットとオウルは森に住む動物です。

プーとイーヨー
《デビュー年月日》
1966年2月4日
《デビュー作》
『プーさんとはちみつ』

ピグレットとティガー
《デビュー年月日》
1968年12月20日
《デビュー作》
『プーさんと大あらし』

🐾 ティガー
Tigger

元気で陽気なトラのぬいぐるみ。バネが入っているしっぽを使って、いつも飛び跳ねています。飛び跳ねすぎて、仲間たちを突き倒したり上に乗ったりするのが彼の日常です。「フフフフゥー」というのが口癖。

🐾 レディ
Lady
🐾 トランプ
Tramp

《デビュー年月日》
1955年6月16日
《デビュー作》
『わんわん物語』

トランプ（左）は、タフに生きる野良犬。レディ（右）は、お屋敷に住むお嬢様犬で血統書つきのコッカースパニエル。2匹は、互いに惹かれあって恋に落ちます。トランプはレディの伴侶となり、お屋敷の飼い犬となります。

🐾 イーヨー
Eeyore

いつも悲観的な物言いをする、年取ったロバのぬいぐるみです。木の枝を組んだだけの家が気に入っています。リボンのついたしっぽが根本から取れてしまいがちで、いつもクリストファー・ロビンにつけてもらっています。

🐾 ピグレット
Piglet

気が小さくて怖がりで、優しい小ブタのぬいぐるみ。プーさんの大親友です。みんなに比べて体が小さいことを気にしていて、「小さい生き物は勇気が出ない」ことを持論にしています。ドングリが好物。

🐾 くまのプーさん
Winnie the Pooh

食いしん坊でのんびり屋で、まるまるムクムクとしたくまのぬいぐるみ。クリストファー・ロビンのいちばんのお気に入りです。難しい言葉が苦手ではちみつが大好き。朝の体操と、詩や歌を作ることが日課です。

🐾 パディータ 🐾 ポンゴ
Perdita　Pongo

《デビュー年月日》
1961年1月25日
《デビュー作》
『101匹わんちゃん』

ポンゴ（右）は人間の作曲家ロジャーの、パディータ（左）は人間の女性アニータの、飼い犬のダルメシアンです。ロジャーとアニータ、2頭の犬たちは同時に夫婦になりました。やがて15匹の子犬が生まれます。

パリのお屋敷に住む3匹の子猫たち。母猫のダッチェスは作法と芸術を指導しています。左から、歌が得意なマリー、ピアノが得意なベルリオーズ、絵を描くのが得意なトゥルーズ。

🐾 シンバ 🐾 ティモン 🐾 プンバァ
Simba　Timon　Pumbaa

《デビュー年月日》
1994年6月24日
《デビュー作》
『ライオン・キング』

シンバは、ライオンの王子。叔父スカーの策略で父殺しの罪を負わされ、王国を追い出されてしまいます。シンバを助けたのは、ミーアキャットのティモンとイボイノシシのプンバァ。3匹でいっしょに暮らします。

🐾 バルー
Baloo

《デビュー年月日》
1967年10月18日
《デビュー作》
『ジャングル・ブック』

インドのジャングルに住むクマ。置き去りにされてオオカミに育てられた人間の少年モーグリと仲良くなり、いろいろなことを教えてかわいがります。陽気で楽天家。慎重な黒ヒョウのバギーラといいコンビです。

🐾 マリー
Marie
🐾 ベルリオーズ
Berlioz
🐾 トゥルーズ
Toulouse

《デビュー年月日》
1970年12月24日
《デビュー作》
『おしゃれキャット』

🐾 ビアンカ
Bianca
🐾 バーナード
Bernard

《デビュー年月日》
1977年6月22日
《デビュー作》
『ビアンカの大冒険』

美しいビアンカ（右）と誠実なバーナード（左）は、ネズミたちの国連、国際救助救援協会（通称RAS）に属するネズミです。RASは、それが誰であっても、助けを求める声には必ず応じる国際的な組織。2人はコンビを組んで事件を解決します。

🐾 ジュディ・ホップス 🐾 ニック・ワイルド
Judy Hopps　Nick Wilde

《デビュー年月日》
2016年3月4日
《デビュー作》
『ズートピア』

ジュディは、ズートピア警察初のウサギの警官。幼い頃からの夢を、がんばって実現させました。ニックは、幼い頃のトラウマを抱えるキツネの詐欺師。敵対する2人ですが、コンビを組んでズートピアの難事件を解決します。

魔法使いや妖精

手を替え品を替え、主人公を助ける魔法の存在。
ディズニー作品の真髄といえるかもしれません。
平成以降の代表格は魔神ジーニー。

7人のこびと
Seven Dwarfs

てれすけ Bashful
くしゃみ Sneezy
ごきげん Happy
おこりんぼ Grumpy
おとぼけ Dopey
ねぼすけ Sleepy
先生 Doc

《デビュー年月日》
1937年12月21日
《デビュー作》
『白雪姫』

森の奥の家で暮らす7人のこびと。鉱山で宝石を採掘し、5時になると仕事をやめて帰宅するのが日課です。継母に殺されそうになって逃げてきた白雪姫をかくまいます。

ティンカー・ベル
Tinker Bell

《デビュー年月日》
1953年2月5日
《デビュー作》
『ピーター・パン』

ピーター・パンのそばを離れずに飛ぶ、小さな妖精。リンリン！　と、鈴を振るような音で話します。ピーターのことが大好きなので、嫉妬してウェンディにいじわるをします。

妖精（ブルー・フェアリー）
Blue Fairy

《デビュー年月日》
1940年2月7日
《デビュー作》
『ピノキオ』

星の女神。ゼペットさんが星に願いをかけたとき、空から降りてきてピノキオに命を与えました。背に半透明の羽があり、ブルーの衣をまとった美しい姿です。

メリー・ポピンズ
Mary Poppins

《デビュー年月日》
1964年8月29日
《デビュー作》
『メリー・ポピンズ』

ロンドンのバンクス一家のもとにやってきた乳母。実は魔法使いです。きちんとした身なりで、手にはオウムの柄の傘を持っています。やんちゃな姉弟ジェーンとマイケルは、メリー・ポピンズの魔法に夢中に！　ときには厳しく、ときには優しく子どもたちをしつけます。

ジーニー
Genie

《デビュー年月日》
1992年11月25日
《デビュー作》
『アラジン』

持ち主の3つの願いを叶えるランプの魔神。歌って踊れる陽気なエンターテイナーです。アラジンが持ち主になる前は、1万年ものあいだ、眠っていました。ランプの持ち主には逆らえないのが決まりですが、アラジンとは主従の関係なしに友だちになります。彼の夢は、ランプから自由の身になること。

フェアリー・ゴッドマザー
Fairy Godmother

《デビュー年月日》
1950年2月15日
《デビュー作》
『シンデレラ』

継母と義姉たちにいじめられたシンデレラを助ける、魔法使いのおばあさん。「ビビディ・バビディ・ブー」の呪文で、カボチャの馬車を作り、シンデレラのドレス姿をととのえます。

3人の良き妖精
Three Good Fairies

メリーウェザー
Merryweather
フローラ
Flora
フォーナ
Fauna

《デビュー年月日》
1959年1月29日
《デビュー作》
『眠れる森の美女』

オーロラ姫が誕生したとき、祝福のプレゼントをした妖精たち。3人のおばちゃんといった風情で、お茶を飲むのが大好きです。魔女マレフィセントとは違い、彼女たちの魔法は良いことにしか使えません。

※各データは編集部調べです。映画の公開年は、アメリカで公開された年です。

Chapter 2

ディズニー100年の歴史

Disney FAN Challenge

History

ディズニーの世界の始まりは、
ウォルト・ディズニーという天才クリエーターからです。
ハリウッドの映画人になることを夢見て、兄のロイと一緒に
会社を創立したのは、1923年10月16日のことでした。
ディズニーの100年を振り返ります。

ディズニーの世界とは……

1928年、ウォルト・ディズニーがミッキーマウスを作り出したのが最初の一歩でした。その後、製作された短編や長編アニメーションは劇場で公開される時代でした。1950年代のテレビの普及、1990年代のCGアニメーションの台頭……新しい技術や文化が生まれるたびにそれらを吸収し、発展を繰り返すディズニーの世界は、ますます広がりを見せています。

22ページからは、そんなディズニーの変遷を年表にまとめました。長編アニメーションを中心に、ディズニー100年の歴史をご覧ください。

Disney / テーマパーク / テレビ / インターネット / PIXAR / STAR WARS / 映画 / ゲーム / MARVEL / 音楽 / グッズ / ステージ / コミック

ミッキーと仲間たち

1928年にデビューしたミッキーマウスを筆頭に、カートゥーンと呼ばれる、短編アニメーションのキャラクターたちが活躍する世界。

⬆ミッキーとミニーを中心に、ドナルド、デイジー、プルート、グーフィーの6キャラクターは「ビッグ6」と呼ばれている。

⬆2013年にディズニー・チャンネルでスタートしたシリーズ「ミッキーマウス!」は、懐かしいドタバタギャグと斬新なタッチの融合で、新風を吹き込んだ。

⬆テレビシリーズは、劇場公開作品から派生したものが多い。画像は、1989年にスタートした「チップとデールの大作戦 レスキュー・レンジャーズ」。

⬆ディズニーストアで人気の、フェイスのぬいぐるみTSUM TSUMの画像を集めてつなげるゲーム「LINE:ディズニー ツムツム」は、2014年にスタート。

➡ディズニーとスクウェア・エニックスのコラボレーションゲーム「キングダム ハーツ」の1作目は2002年にスタート。一世を風靡した。

↑『白雪姫』では原作のグリム童話を大幅にアレンジし、名も無いこびとたちに名前と個性を与えた。
←女王／魔女は、ディズニー作品初の「ディズニーヴィランズ」。

ディズニー映画

　1937年、ウォルト・ディズニーが製作した世界初の長編カラーアニメーション『白雪姫』から始まり、2024年までに60以上の長編アニメーションを世に送り出しました。ウォルトが携わった最後の作品『ジャングル・ブック』、第2の黄金期の始まり『リトル・マーメイド』、50作目となった『塔の上のラプンツェル』、新時代の幕開け作品『アナと雪の女王』などの長編アニメーションの他、『メリー・ポピンズ』を筆頭とした、実写＋アニメーション作品など、記念碑的な名作は尽きません。

↑2013年に公開され（日本は2014年）、「レリゴー」のメロディーが社会現象となった『アナと雪の女王』。

←1950年の『宝島』以降、製作され続ける実写作品も名作ぞろい。画像はディズニー・チャンネルから生まれた、ヴィランズの子どもたちの物語『ディセンダント』。

Schooled in Holiday Cheer

PIXAR

ピクサーアニメーション

　CGアニメーション会社、ピクサー・アニメーション・スタジオが製作するアニメーション。1995年、世界初のフルCG長編アニメーション『トイ・ストーリー』から、ディズニーとピクサーの関わりが始まりました。オモチャの世界を皮切りに、モンスターたちが活躍する『モンスターズ・インク』、魚たちを描いた『ファインディング・ニモ』などなど、独自の世界観で創られた作品で知られます。

↑製作するごとに技術革新があるのもピクサーならでは。『モンスターズ・インク』では、サリーのふさふさした毛並みを作るためにソフトを開発。

➡スピンオフの短編も、ピクサーのお家芸。『カールじいさんの空飛ぶ家』から派生した、その後の物語「ダグの日常」シリーズは、ディズニープラスで2021年から配信。

↑『トイ・ストーリー』のウッディとバズ・ライトイヤーは、その後のピクサーを象徴する永遠のキャラクターになった。

←ウッディとバズの攻防から始まったオモチャたちの物語は、2019年までに長編が4作製作され、数々のスピンオフ作品も生まれた。

『スター・ウォーズ』

　ジョージ・ルーカスが創り上げたSFシリーズ。1977年に公開された『スター・ウォーズ』（『エピソード4／新たなる希望』）を筆頭に、銀河系の壮大な叙事詩が描かれます。2015年公開の『スター・ウォーズ／フォースの覚醒』からディズニー配給作品となりました。

MCU　マーベル・シネマティック・ユニバース

　アメリカの「マーベル・コミック」を原作とした、スーパーヒーローたちが主人公の映画やテレビシリーズ。実写が中心で、マーベル・スタジオが製作します。2012年公開の『アベンジャーズ』からディズニー配給作品となり、『アイアンマン』『ガーディアンズ・オブ・ギャラクシー』などのシリーズ作品があります。

1901-1935

ウォルト・ディズニーとミッキーの誕生

　ウォルト・ディズニー生誕からスタジオの設立、ミッキーがデビューして次々にヒットを飛ばした短編アニメーション台頭の時代。短編の製作は、次の時代の長編へとつながります。

12/5 ウォルト・ディズニー生誕

ウォルター・イライアス・ディズニー、イリノイ州シカゴに生まれる。

10/16 ディズニー・ブラザーズ・カートゥーン・スタジオ設立

ハリウッドで、ディズニー・ブラザーズ・カートゥーン・スタジオ（後のウォルト・ディズニー・カンパニー）が、ウォルト・ディズニーと兄のロイ・オリヴァー・ディズニーによって設立される。

●「アリス・コメディー」シリーズ

1901 ≫ ≫≫≫ ≫ **1923**

1924

↑実写の少女と動物などのアニメーションを合成した短編映画「アリス・コメディー」シリーズがスタート。第1作は『アリスの海の一日』。全部で56作が製作された。

●ウォルト、リリアン・バウンズと結婚

リリアンはディズニー社で働いていた女性で、ウォルトの秘書とアニメーションの彩色の仕事をしていた。

1925

1926 ≫ **1927** ≫ **1928** ≫≫≫≫

●スタジオ移転

←ロサンゼルスのハイペリオン通りにスタジオを移転し、ウォルト・ディズニー・スタジオと名付ける（写真は1930年代前半）。

11/18 ミッキーとミニー、デビュー

↓ミッキーマウスとミニーマウスが、世界初のトーキー短編アニメーション『蒸気船ウィリー』でデビュー。「わらの中の七面鳥」のメロディーにぴったり合った映像が大評判に！次々にシリーズ作品が製作される。

9/5 しあわせウサギのオズワルド、デビュー

ミッキーマウスの前身のようなキャラクター、「しあわせウサギのオズワルド」シリーズがスタート。左は第2作の『トロリー・トラブルズ』。

5/25

グーフィー、デビュー

➡『ミッキー一座』でグーフィーがデビュー。名前はグーフィーではなく、Dippy Dawg（おかしな犬）と呼ばれていた。

●「シリー・シンフォニー」シリーズ

⬇音楽をテーマにするなど、実験的な短編アニメーション、「シリー・シンフォニー」シリーズがスタート。第1作は、墓場で4体のガイコツがグリーグ作曲の音楽に合わせて踊り出す、『骸骨の踊り』だった。

●初のアカデミー賞

⬆世界初のカラーアニメーション『花と木』（「シリー・シンフォニー」シリーズ）が公開。アカデミー賞短編アニメーション賞を受賞。

6/9　ドナルドダック、デビュー

⬅「シリー・シンフォニー」シリーズの『かしこいメンドリ』で、ドナルドがデビュー。

●ミッキー、カラーになる

➡真っ赤なコスチュームを纏ったミッキーが指揮する『ミッキーの大演奏会』は、ミッキーマウス・シリーズ初のカラー作品となった。

1934 ≫ **1935** ≫≫≫

≫≫≫ **1929** ≫ **1930** ≫ **1932** ≫ **1933**

●ミッキーの初コミック連載スタート

●ミッキー初のグッズ発売

➡ミッキーのイラストがあしらわれた初めてのキャラクターグッズ、ノートが発売される。ミッキーの使用料金が支払われた商品の第1号となった。

9/5　プルート、デビュー

⬇『ミッキーの陽気な囚人』で、ミッキーの愛犬プルートがデビュー。デビュー一作では、まだ名前はなかった。

5/27　三匹の子ぶた、デビュー

➡「シリー・シンフォニー」シリーズの『三匹の子ぶた』の主題歌「狼なんかこわくない」が大ヒット。ディズニーに「歌」という分野を根付かせた最初の作品となる。

1937-1955

『白雪姫』からテーマパークのオープンまで

世界初の長編カラーアニメーション『白雪姫』を送り出し、高い評価を受けたディズニー。その後、『ピノキオ』『ダンボ』など、長編アニメーションを続々と製作。そして、ウォルトは、テーマパークという新しい夢に向かって動きだします。

●『白雪姫』
↓短編の漫画映画と思われていたアニメーションのイメージを覆す、世界初の長編カラーアニメーション。映画史に残る出来事となる。

●『ピノキオ』

↑イタリアの作家コロッディの原作をもとに、あやつり人形ピノキオの冒険を綴る。主題歌「星に願いを」は、ディズニーに初のアカデミー賞歌曲賞をもたらした。

●『ファンタジア』
当時としては画期的な、クラシック音楽とアニメーションのコラボレーション。アニメーターがクラシック音楽を聴いてイメージしたものを映像化し、新しく開発した〝ファンタサウンド〟で上映された。

●『ダンボ』
←子ゾウのダンボが大きな耳を使って空を飛び、サーカスのスターになる。ミュージカル・スコアはアカデミー賞作曲賞を受賞。

1937 >> **1940** > **1941**

1942

1943 >> **1945** >> **1946**

1/9 ◁ デイジーダック、デビュー
『ドナルドのメキシカン・ドライブ』でデイジーがデビュー。当時の名前はドンナ・ダック。

●『バンビ』
→森のプリンスとして生まれた子ジカのバンビが、仲間との出会いや、移り行く自然、悲しい出来事を通して成長していく。

●『ラテン・アメリカの旅』
←ウォルトが、親善旅行のために行った南米で撮影した映像とアニメーションを合成して製作。「グーフィー・ガウチョ」「小さな郵便飛行機ペドロ」など4つの物語からなる。

4/2 チップ＆デール、デビュー
↑『プルートの二等兵』でチップ＆デールがデビュー。当初は2匹は名前もなく外見も同じで、見分けがつかなかった。描き分けられたのは3作目から。

●『三人の騎士』
↑『ラテン・アメリカの旅』の続編。南米の友だち、パンチート、ホセ・キャリオカといっしょにドナルドが南米を案内する。「寒がりペンギン パブロ」など4つの物語からなる。

●『メイク・マイン・ミュージック』
10曲のポピュラー・ミュージックをアニメーションで表現したオムニバス。

●WEDエンタープライズ
ディズニーランドのためのデザインや開発を手掛ける、WEDエンタープライズが創立。後にウォルト・ディズニー・イマジニアリングに名称変更。

●『ふしぎの国のアリス』

↑ルイス・キャロルの小説を原作に、ウォルトの夢だったアニメーション化が実現。白うさぎを追って穴に落ちたアリスの冒険。

●『シンデレラ』

←継母たちにこき使われるシンデレラが、フェアリー・ゴッドマザーの魔法で舞踏会に行くストーリー。「ビビディ・バビディ・ブー」など名曲も生まれた。

●「ディズニーランド」
→アメリカのABCテレビで新番組「ディズニーランド」が放映開始。ウォルト自身がホストを務め、オープンを控えたディズニーランドを紹介するなど、さまざまな内容でオンエアされた。

●『ピーター・パン』
↓ジェームズ・バリーの戯曲をもとに、ウォルトが長年温めていた企画を映画化。大人にならない空飛ぶ少年、ピーター・パンの冒険物語。

●『海底2万マイル』

→ジュール・ヴェルヌの冒険小説を実写映画化。潜水艦ノーチラス号とネモ艦長の物語。アカデミー賞特殊効果賞を受賞。

1953 » **1954** » **1955** »»»»

1952

1951

1950

»»»» **1947** » **1948** » **1949**

7/17　ディズニーランド

↑カリフォルニア州アナハイムに、ディズニー初のテーマパーク、ディズニーランドがオープン。

●「ミッキーマウス・クラブ」
→"マウスケティア"と呼ばれる子どもたちが出演するテレビ番組「ミッキーマウス・クラブ」が放映開始。月曜日から金曜日まで毎日オンエアされ、全米で人気を博した。

●『イカボードとトード氏』
お金持ちのカエルを主人公にした「トード氏」、そして、アメリカの伝説をもとにした「スリーピー・ホロウの伝説」の2本のオムニバス。

●『あざらしの島』

←「自然と冒険記録映画」シリーズの第1作。アラスカであざらしを撮影し、アカデミー賞短編映画賞を獲得。

●『こぐま物語、ミッキーと豆の木』
↑「こぐま物語」と「ミッキーと豆の木」の2本からなる。この作品から、ミッキーの声がウォルトからジム・マクドナルドに交代した。

●『メロディ・タイム』
ジャズなどモダンな7曲のナンバーをアニメーションで表現したオムニバス。

●『わんわん物語』
←お屋敷に住むお嬢様犬レディと野良犬トランプのラブストーリー。「ララルー」「ベラ・ノッテ」など名曲を生み出した。

1957-1983

ウォルトが逝去、そして……。
東京ディズニーランドのオープン

『メリー・ポピンズ』を大ヒットさせて間もなく、ウォルトがこの世を去ります。ウォルトの遺志を継いでウォルト・ディズニー・ワールドが誕生。さらに、アメリカ国外初のパーク、東京ディズニーランドがオープンします。

●『眠れる森の美女』
←シャルル・ペローの童話をもとにした、魔女の呪いで深い眠りにおちるオーロラ姫の物語。テクニラマ70方式が採用され、ワイドスクリーンで上映された。

●『101匹わんちゃん』
➡ゼロックス・プロセスを初めて活用し、アニメーターが手描きしたダルメシアンの子犬たちをセルに転写して製作した作品。

●『フラバー うっかり博士の大発明』
リチャードとロバートのシャーマン兄弟による歌を初めて採用したディズニー映画。

1957 ≫ **1959** ≫ **1961**

●『ゾロ』
かつてのカリフォルニアを舞台に、マスクを着けて復讐に燃える主人公が活躍するテレビシリーズ。

●「魅惑のチキルーム」
↑カラフルな鳥たちが歌うアトラクションが、ディズニーランドにオープン。初めてオーディオ・アニマトロニクス技術を使用したアトラクション。

1963

1964 ≫ **1966**

12/15 ウォルト・ディズニー逝去
フロリダ州に建設中の新しいパークの誕生を見ずして、この世を去る。享年65歳。

1967 ≫ **1970** ≫≫≫

●『王様の剣』
↑のちに伝説のアーサー王となるワート少年と、その未来を予言していた魔法使いマーリンの物語。主題歌、挿入歌を手掛けたのはシャーマン兄弟。

●ニューヨーク世界博覧会
1964年から1965年まで開催。ディズニーは、「イッツ・ア・スモールワールド」をはじめ4つのパビリオンを出展。

●『メリー・ポピンズ』
P・L・トラヴァースの著作をウォルト・ディズニーが念願の実写化。メリーを演じたジュリー・アンドリュースの主演女優賞をはじめ、歌曲賞、作曲賞など、5部門でアカデミー賞を受賞。

●『ジャングル・ブック』
↑オオカミに育てられた少年、モーグリを主人公に、ウォルト・ディズニーが直接指揮を執った最後の長編アニメーション。主題歌「ザ・ベアー・ネセシティ」がアカデミー賞歌曲賞候補になる。

●『おしゃれキャット』
↑フランスを舞台に、捨てられた母ネコのダッチェスと3匹の子ネコたちが、パリの家を目指す。ウォルト没後、初の長編アニメーション。

●ウォルト・ディズニー・アーカイブス
←ディズニーの歴史的資料を収集、保存するために、のちにディズニー・レジェンドとなるアーキビストのデイヴ・スミスが設立した。

- ●『くまのプーさん』
- ●『ピートとドラゴン』
  孤児のピートと、その唯一の友だち、ドラゴンのエリオットの物語。実写映画で、緑色のドラゴンのエリオットはアニメーションで描かれている。

A・A・ミルンの原作をもとに製作された『プーさんとはちみつ』(1966)『プーさんと大あらし』(1968)『プーさんとティガー』(1974)の3作をまとめた長編作品。

- ●『ビアンカの大冒険』
  ➡ネズミたちの国連、国際救助救援協会に届いた少女からのSOSに応えて、メンバーのビアンカとバーナードが救出作戦を展開。

| 4/15 | 東京ディズニーランド

↑カリフォルニア、フロリダに続き、アメリカ国外では初のディズニー・テーマパークが日本にオープン。

- ●ディズニー・チャンネル
  アメリカでケーブルテレビ・ネットワークのディズニー・チャンネルが開局。

- ●『ミッキーの　クリスマス・キャロル』
  ➡ディケンズの名作「クリスマス・キャロル」を、ミッキーマウスをはじめとしたディズニーキャラクターたちが演じる中編アニメーション。ミッキーの新作映画が劇場公開されたのは、1953年以来30年ぶり。

1977 ›› »»› »› »»› **1981** »› **1982** »› **1983** »»›

1973

1971

| 10/1 | エプコット・センター

➡ウォルト・ディズニー・ワールドに2つ目のテーマパークとしてオープン。当初は、世界の国々のパビリオンが並ぶワールド・ショーケースと未来をテーマにしたフューチャー・ワールドからなっていた。

- ●『ロビンフッド』
  ➡12世紀のイギリスの英雄、シャーウッドの森に住むロビン・フッドの伝説を、動物のキャラクターたちで描いた作品。

- ●『トロン』

| 10/1 | マジックキングダム

↑フロリダ州にウォルト・ディズニー・ワールドが誕生。最初のパークとして、マジックキングダムが開園し、10月25日にセレモニーが行われた。

- ●『きつねと猟犬』
  ↑母を亡くし人間に育てられたキツネのトッドと、隣の猟師に飼われる猟犬のコッパー。仲のいい2匹は成長し、互いの運命を知ることに。

←世界で初めてコンピュータ・グラフィックスを広範囲に使用して製作された実写映画。CGで描き出されるコンピュータ内部の世界が注目を集めた。

1984 -1995

ディズニー・アニメーションの ルネサンスと、ピクサーの台頭

P=ディズニー＆ ピクサー作品

『リトル・マーメイド』がヒットを記録、『美女と野獣』『アラジン』など話題作が続き、ウォルト亡き後、再びディズニー・アニメーションが脚光を浴びることに。やがてピクサーが登場し、CGアニメーションで新時代を開いていきます。

●『コルドロン』
➡勇敢な戦士を夢見る少年ターランが、魔法の壺"ブラック・コルドロン"を探す邪悪な魔王ホーンド・キングに立ち向かう。のちに実写版『ダンボ』を監督するティム・バートンが美術を担当。

●『スプラッシュ』
従来よりも大人向けのテーマを扱うために立ち上げたタッチストーン・ピクチャーズの第1作。トム・ハンクス演じる青年に恋をして人間界へやってきた人魚の物語。

●『オリビアちゃんの大冒険』
⬇ネズミのオリビアちゃんの父親が誘拐され、事件解決のため、名探偵のバジルが仲間たちと大活躍。コンピュータ技術を駆使した、ビッグ・ベンの時計のシーンは見どころ。

1984 » 1985 » 1986

1987 » 1988 » 1989 »»»»

●ディズニーストア
➡ディズニーグッズのみを扱う専門店、ディズニーストアの1号店がアメリカでオープン。

●『ロジャー・ラビット』
実写の俳優とアニメーションのキャラクターたちのみごとな共演が話題を呼んだ作品。スティーブン・スピルバーグとタッグを組んで製作され、4部門でアカデミー賞を獲得。

●『リトル・マーメイド』

5/1

ディズニーMGMスタジオ

⬆ウォルト・ディズニー・ワールドに第3のテーマパークがオープン。映画をテーマとしたパークで、実際のアニメーション製作スタジオを見学するアトラクションも。のちにディズニー・ハリウッド・スタジオに名称変更された。

⬅アンデルセンの名作「人魚姫」を原作に、ハワード・アシュマン、アラン・メンケンの音楽で綴るミュージカル・アニメーション。ディズニー・ルネサンスと呼ばれる新しい時代を開く。

●『オリバー／ ニューヨーク子猫ものがたり』
⬆ディケンズの名作「オリバー・ツイスト」を、登場キャラクターをネコやイヌに置き換え、現代のニューヨークを舞台に描いた作品。ビリー・ジョエル、ベット・ミドラーらが声の出演をし、歌ってもいる。

4/12

ユーロ・ディズニーランド

➡ヨーロッパ初のディズニー・テーマパークがパリ郊外にオープン。のちにディズニーランド・パリというリゾートに発展。

（上・ポカホンタス画像）

● 『ポカホンタス』

←植民地時代のアメリカを舞台に、先住民族のポカホンタスとイギリスの探険家の出会いを描く。ミュージカル界の雄、スティーブン・シュワルツとアラン・メンケンの音楽で、アカデミー賞歌曲賞、作曲賞を獲得。

● 『ビアンカの大冒険
　　～ゴールデン・イーグルを救え！』

⬇オーストラリアを舞台に、絶滅寸前のゴールデン・イーグルを救うためビアンカとバーナードが活躍。コンピュータ・アニメーション・プロダクション・システムを全編に取り入れて製作された。

● 『アラジン』

⬆『リトル・マーメイド』の監督コンビが、「アラビアンナイト」をもとに製作。アシュマン、メンケンのコンビに加え、ティム・ライスが音楽を手掛け、「ホール・ニュー・ワールド」がアカデミー賞歌曲賞を受賞。ロビン・ウィリアムズが声を演じるジーニーも注目の的になった。

● 『トイ・ストーリー』 Ⓟ

⬆全編コンピュータ・グラフィックスによる、初の長編アニメーション。オモチャの世界というユニークな視点も相まって大ヒットし、ピクサー・アニメーション・スタジオを一躍有名にする。

1995　≫≫≫≫

≫≫≫ **1990** ≫ **1991** ≫ **1992** ≫ **1993** ≫ **1994**

● 『ナイトメアー・ビフォア・クリスマス』

←クリスマスに魅せられた、ハロウィンタウンのカボチャ大王、ジャック・スケリントンの摩訶不思議な世界が、ストップモーション・アニメーションで展開。製作は、かつてディズニーのアニメーターだったティム・バートン。

● 『ライオン・キング』

⬇アフリカのサバンナに生まれた、ライオンの王子、シンバの物語。ポップミュージック界のキング、エルトン・ジョンが音楽を担当し、「愛を感じて」「サークル・オブ・ライフ」が大ヒット。

● 『美女と野獣』

⬆ハワード・アシュマン、アラン・メンケンの名コンビを再び起用し、フランスの古典「美女と野獣」をミュージカルタッチの作品に。主題歌「美女と野獣」がアカデミー賞歌曲賞を受賞。アニメーション史上初めて、アカデミー賞作品賞にノミネートもされた。

● 「美女と野獣」
　（ブロードウェイ・
　ミュージカル）

➡大ヒットアニメーションをステージ・ミュージカル化し、ディズニーがブロードウェイに進出。映画と同じアラン・メンケンが音楽を手掛け、ロングランヒットを記録。

1996-2005

世界へ広がるディズニーリゾート、さらに新しい世紀へ

　東京ディズニーシー、香港ディズニーランドが開園し、ディズニーリゾートの魅力が世界へと広がっていきます。そして、『パイレーツ・オブ・カリビアン』が新たなヒットシリーズになりました。

●『ジャイアント・ピーチ』
ティム・バートンが手掛けた実写とストップモーション・アニメーションで構成された作品。巨大なモモに乗り、ジェームス少年と仲間たちがニューヨークを目指す。

●『ノートルダムの鐘』
ヴィクトル・ユーゴーの小説をもとに、パリのノートルダム大聖堂に住む鐘つき男の物語を、荘厳な映像や重厚な音楽で綴る。

●『ターザン』
エドガー・ライス・バローズの小説が原作。ジャングルで育った人間のターザンが、イギリス人女性と出会い、自分が本当に生きる場所を探し求める。

➡カウボーイ人形のウッディが誘拐されたことから、仲間たちが救出に向かう。カウガール人形のジェシーが初登場。

●『トイ・ストーリー2』P

1996 ≫ 1997 ≫ 1998 ≫ 1999 ≫ 2000

●「ライオンキング」（ブロードウェイ・ミュージカル）
➡ユニークな仮面やパペットを多用した演出で、映画『ライオン・キング』をステージ・ミュージカルに。大ヒットしロングランを記録。

●『ヘラクレス』

←ギリシャ神話の英雄、ヘラクレスの姿を、パロディやギャグをちりばめて描く。音楽をアラン・メンケンが担当し、女神たちの歌うゴスペルでストーリーを展開。

4/22 ▶ ディズニー・アニマルキングダム
⬇ウォルト・ディズニー・ワールド・リゾートに第4のパークがオープン。200ヘクタールもの敷地に2000頭以上の動物たちが暮らす、ディズニー最大のテーマパーク。

●『ムーラン』

⬆いにしえの中国で、年老いた父に代わり、娘のムーランが男と偽って戦場へ。中国に伝わる詩をもとに、ディズニーが初めてアジアを舞台に描いたアニメーションを製作した。

●ディズニー・クルーズライン
➡ディズニーが手掛ける初めての豪華客船、ディズニー・マジック号が出航。

●『バグズ・ライフ』P

←ピクサーが、イソップ童話「アリとキリギリス」を原案に、アリのフリックと仲間の虫たちの世界を描く。ピクサー作品のエンド・クレジットに初めてNG集が登場。

●『ファンタジア／2000』

⬆前作から60年、「魔法使いの弟子」をデジタル方式で再現し、新たに「威風堂々」「動物の謝肉祭」など7曲をセレクトして、名曲と映像がコラボレーション。

●『ダイナソー』
➡絶滅の危機に瀕した恐竜たちのサバイバルを、CGで描く。世界各地で撮影した実写を背景に組み合わせ、よりリアルな映像が生みだされた。

●『ラマになった王様』

←南米のわがままな王様クスコが、陰謀でラマに姿を変えられたことから巻き起こるコメディ。

9/4

東京ディズニーシー

➡東京ディズニーリゾートに第2のパーク、東京ディズニーシーがオープン。ディズニー初、海をテーマにしたパークで、一体型のホテルを持つことでも話題になった。

●『アトランティス/失われた帝国』

➡消えた大陸、アトランティスの謎を追って、言語学者で地図製作者のマイロが探険隊の一員に。ウォルト生誕100周年記念作品。

●『モンスターズ・インク』 P

←モンスターたちの世界に、人間の女の子が紛れ込んだことから大騒動になる。個性的なモンスターや、笑いをちりばめたストーリーで大ヒット。

●『ファインディング・ニモ』 P

↑人間に連れ去られたカクレクマノミのニモを探し、父親のマーリンがオーストラリアの海を大冒険。ディズニー初のアカデミー賞長編アニメーション賞を獲得。

●『パイレーツ・オブ・カリビアン/呪われた海賊たち』

アトラクション「カリブの海賊」からアイデアを得たヒットシリーズの第1作。ジョニー・デップ演じるキャプテン・ジャック・スパロウが、生きた屍の呪いをかけられた海賊たちとの戦いに挑む。

●『ブラザー・ベア』

↑兄の敵を討ってクマに姿を変えられてしまった弟を主人公に、氷河期後のアメリカ北西部の大自然の中で生命(いのち)の物語が綴られる。

2001 ≫ **2002** ≫ **2003** ≫ **2004** ≫ **2005** ≫≫≫

●『リロ&スティッチ』

↑5歳のリロが引き取ったイヌのようなスティッチは、宇宙から逃亡してきた凶悪なエイリアンだった! ハワイを舞台に繰り広げられるオハナ(家族)の物語。

●『トレジャー・プラネット』

↑スティーブンソンの冒険小説「宝島」の背景を宇宙に置き換えて描く、ディズニー初のSFアニメーション。企画から17年を経て、CGの進歩により製作が実現した。

●『Mr.インクレディブル』 P

↑かつてのヒーロー、Mr.インクレディブルこと、平凡な会社員のボブが、極秘任務を受けて再び始動。陰謀に巻き込まれたボブのピンチに、スーパーパワーを持つ家族も大活躍。

●『ホーム・オン・ザ・レンジ/にぎやか農場を救え!』

←窮地に陥った農場を救おうと、3頭のメウシたちが大奮闘。西部開拓時代のカウボーイ・ソング「峠のわが家」をモチーフにしたミュージカルタッチのウエスタン・コメディ。

●『チキン・リトル』

↑ニワトリの男の子チキン・リトルは、「空のカケラが落ちてきた」と騒ぎ、笑い物になるものの……。ディズニーが手描きアニメーションからCGアニメーションに移行後の第1作。

9/12

香港ディズニーランド

➡日本に次いで、アジアに新しいディズニーパークがオープン。香港のランタオ島に、パークとともに2つのディズニーホテルを持つ香港ディズニーランド・リゾートが誕生。

※各データは編集部調べです。映画の公開年は、アメリカで公開された年です。

2006-2013

本格的CGアニメーションの時代到来

アニメーションは、手描きからフルCGの時代へ突入します。新しいプリンセス、ラプンツェルが人気を博し、さらに『アナと雪の女王』が空前のヒット。ピクサーも、『カーズ』『ウォーリー』など、話題作を次々と送り出します。

●『ルイスと未来泥棒』

←施設育ちで発明好きの少年ルイスは、母親を探そうと発明した装置を謎の男に奪われる。そんなルイスの前に未来から来たという少年が現れて。

●『魔法にかけられて』

↑アニメーションのおとぎ話のプリンセスが、突然、現代のニューヨークへ。夢見るプリンセスが、現実の世界で直面するギャップが楽しいミュージカル・コメディ。

●『ウォーリー』 [P]

➡29世紀、荒廃した地球でひたすらゴミを片付けるロボット、ウォーリーが主人公。白いロボットのイヴとの出会い、そして宇宙への大冒険を描くハートウォーミングなSF。

●『レミーのおいしいレストラン』[P]

←料理の才能を持ち、シェフを夢見るネズミのレミーが主人公。5つ星レストランの見習いシェフ、リングイニと密かに組んでレミーが料理を作ると、瞬く間に評判に。

●『ボルト』

➡ハリウッドで活躍するボルトは自らをスーパードッグと信じていたものの、思いがけず遠くニューヨークへ送られてしまい、現実に直面。そして、我が家を目指す旅が始まる。

2006 » **2007** » **2008** » **2009** »»»

●「ハイスクール・ミュージカル」

↑ディズニー・チャンネル・オリジナルムービー。偶然に再会したトロイとガブリエラを中心に、高校で上演するミュージカルを巡る騒動がミュージカルで展開。

●『カーズ』[P]

←レーシングカーの天才ルーキー、ライトニング・マックイーンが、アクシデントで田舎町へ迷い込み、人生を考え直すことに。登場キャラクターは、すべてが車。

●『ライアンを探せ！』

↑ニューヨークの動物園から誤って連れ去られた子ライオンのライアンを救うため、都会育ちの父親と仲間が、野生の島へと大冒険。動物のリアルな質感や動きは、CGならではの表現だ。

●D23：ザ・オフィシャル・ディズニー・ファンクラブ

●『カールじいさんの空飛ぶ家』[P]

↑78歳のカールは、今は亡き愛する妻と約束した南米の秘境を訪れるため、膨大な数の風船を使って思い出が詰まった家ごと空に旅立つ。アニメーションで初めて、カンヌ国際映画祭のオープニング・ナイトを飾った。

●『プリンセスと魔法のキス』

➡夢のために一生懸命なティアナは、カエルに変えられた王子の願いを聞き入れたことから自分もカエルになってしまう。2024年現在、ディズニー長編アニメーションとしては、手描きで製作された最後の作品。

↑3月10日、ディズニー初の公式ファンクラブが設立。9月には、カリフォルニアで初のイベント「D23 Expo」も開催された。

● 『トイ・ストーリー3』 P

← 持ち主の大学進学のため片付けられることになったウッディたちオモチャは、手違いから保育園に送られてしまい、トラブルに巻き込まれる。前2作を超える大ヒットを記録。

● 『アベンジャーズ』

↑ アイアンマン、キャプテン・アメリカ、ソー、ハルク、ホークアイ、ブラック・ウィドウらスーパーヒーローが結集し、"アベンジャーズ" として強敵に挑む。マーベルの大ヒットシリーズ第1弾。

● 『メリダとおそろしの森』 P

↑ 中世のスコットランドで、王女メリダと、クマに姿を変えられてしまった王妃との親子の物語が展開。ピクサーが初めて中世を舞台に、初の女性主人公で描いた作品。

● 『塔の上のラプンツェル』

↑ フルCGで初のディズニープリンセスの物語。長い髪を持ち、高い塔に暮らすラプンツェルは、大泥棒フリン・ライダーと出会い、夢をかなえるため外の世界へ飛びだす。

● 『フランケンウィニー』

● 『シュガー・ラッシュ』

↑ 悪役に飽き飽きしたラルフは、自分のゲームを飛び出し、お菓子の国のレースゲームへ。そこで孤独な少女ヴァネロペと出会い、2人は思いがけない悪者と対決することになる。

← ティム・バートンが監督を手掛ける、3D白黒ストップモーション・アニメーション。科学好きの少年ヴィクターが、死んでしまった愛犬を電気ショックでよみがえらせる。

2010　》　2011　》　2012　》　2013　》

■ 『カーズ2』 P

→ ライトニング・マックィーンがワールド・グランプリに出場し、トーキョー、パリなど、世界を駆け抜ける。レースの裏に隠された巨大な陰謀に、メーターが巻き込まれる。

8/29

アウラニ・ディズニー・リゾート＆スパ コオリナ・ハワイ

→ ホテルやヴィラを持ち、ハワイの自然と伝統文化を生かしたディズニーリゾートがオープン。

■ 『くまのプーさん』

← 前作から34年、内容も新たに製作された『くまのプーさん』が誕生。プーさんと100エーカーの森の仲間たちが冒険を繰り広げる。

■ 『モンスターズ・ユニバーシティ』 P

→ 『モンスターズ・インク』の主人公、マイクとサリーの大学生時代を綴る前日譚。怖がらせ屋の才能あふれるサリーと、努力家のマイク、最初はそりが合わなかった2人が名コンビになるまでが描かれる。

■ 『プレーンズ』

→ 車たちの世界を描いた『カーズ』のように、飛行機たちの世界を描いた作品。高所恐怖症の農薬散布機ダスティが、世界一周レースのチャンピオンを目指す。

● 『アナと雪の女王』

← アンデルセンの「雪の女王」をもとに、触れたものを凍らせる魔法の力を持つエルサと妹アナを主人公にした物語。映画の大ヒットと共に、主題歌「レット・イット・ゴー」が大ブームを巻き起こした。

2014-2019

シリーズ化、実写化で
アニメーションの新しい魅力が広がる

『ファインディング・ドリー』『アナと雪の女王2』など、ヒット作の続編が数多く登場。アニメーションをもとにした実写映画も数多く製作され、話題を集めるようになります。

●『プレーンズ2／
ファイアー＆
レスキュー』
➡前作でレースのチャンピオンとなったダスティが、消防飛行機として仲間たちと共に山火事と戦う。

●『ベイマックス』
➡架空の都市、サンフランソウキョウを舞台に、科学に秀でた天才少年ヒロとケア・ロボットのベイマックスが、悪者に挑む。マーベル・コミックスを原案に製作されたディズニー・アニメーション。

●『ズートピア』
↑動物たちが暮らすズートピアでウサギとして初の警察官になったジュディ。事件解決のために彼女が組んだのは、詐欺師のキツネ、ニックだった。

6/16　上海ディズニーランド
➡世界で12番目のディズニーパークを持つ、上海ディズニーリゾートが中国にオープン。

2014　≫　**2015**　≫　**2016**

↑11歳の少女ライリーが引っ越し先での新しい生活に戸惑うなか、彼女の頭の中にいる感情、ヨロコビやカナシミたちは、この局面を乗り越えようと大奮闘。

●『インサイド・ヘッド』Ⓟ

●『アーロと少年』Ⓟ

↑もし恐竜が絶滅していなかったら……という地球が舞台。家族とはぐれた恐竜のアーロが、ひとりぼっちの人間の男の子と出会い、やがて絆が結ばれていく。

●『スター・ウォーズ／
フォースの覚醒』
ディズニー傘下での初の「スター・ウォーズ」作品で、シリーズ7作目にあたる。砂漠の惑星に暮らすレイは、最後のジェダイ、ルーク・スカイウォーカーを探す旅に出ることになった。

●『モアナと伝説の海』

↑南の島に住む村長（むらおさ）の娘モアナは、島と人々を救うため、まだ見ぬ広い海へと旅立つ。そして、命の女神の心を盗んだという半神半人のマウイに出会う。

●『ファインディング・
ドリー』Ⓟ
➡ドリーを主人公に迎えた、『ファインディング・ニモ』の続編。忘れん坊のドリーが思い出の家族に会うため、ニモやマーリンと大冒険。

●『リメンバー・ミー』P

↑音楽が禁止された一家でミュージシャンを夢見るミゲルは、思いがけず死者の国へ迷い込んでしまい、憧れの大スターに出会うものの……。アカデミー賞では、長編アニメーション賞と、テーマソング「リメンバー・ミー」で歌曲賞を獲得した。

●『カーズ／クロスロード』P

↑「カーズ」シリーズ3作目。レース界の世代交代で新人に逆転優勝されてしまったマックィーンは、若いトレーナーのクルーズ・ラミレスを迎えて再起に挑む。

名作アニメーションからの実写化作品が続々

1996	『101』
2000	『102』
2010	『アリス・イン・ワンダーランド』
2014	『マレフィセント』
2015	『シンデレラ』
2016	『アリス・イン・ワンダーランド／時間の旅』
	『ジャングル・ブック』
2017	『美女と野獣』
2018	『プーと大人になった僕』
2019	『ダンボ』
	『アラジン』
	『マレフィセント2』
	『ライオン・キング』
2020	『ムーラン』
2021	『クルエラ』
2023	『リトル・マーメイド』

●ディズニープラス

ディズニー、ピクサー、マーベル、「スター・ウォーズ」などのコンテンツを楽しめる動画配信サービスがアメリカでスタート。

●「マンダロリアン」

ダース・ベイダーの死から5年後の「スター・ウォーズ」の世界を舞台に、賞金稼ぎのマンダロリアンと、フォースの力を秘めた子どもグローグーの冒険を描くドラマシリーズが、ディズニープラスで配信開始。

2017 ≫ 2018 ≫ 2019 ≫≫≫

●『インクレディブル・ファミリー』P

↑『Mr.インクレディブル』から14年を経て続編が登場。ミッションを受けたイラスティガールことヘレンが陰謀に巻き込まれ、その救出のため、残された家族が出動する。

●『シュガー・ラッシュ：オンライン』

↑ゲームのキャラクター、ラルフとヴァネロペが活躍する『シュガー・ラッシュ』の第2弾。2人がアーケードゲームを飛び出して、インターネットの世界へ。

●『トイ・ストーリー4』P

←完結編と思われた3作目から9年後に登場した最新作。スプーンで作った新しいオモチャのフォーキーを巡り、ウッディたちが大冒険。ボー・ビープとの再会も話題になった。

●『アナと雪の女王2』

↓前作から3年後のエルサとアナの物語。アレンデール王国の過去が紐解かれ、エルサが魔法の力を与えられた理由が明かされる。

※各データは編集部調べです。映画の公開年は、アメリカで公開された年です。

2020-2023

創立から100年、そして、その先へ

　2023年10月16日、ウォルト・ディズニー・カンパニーは100周年を迎えました。ディズニープラスが世界に広まり、アニメーションを始めとした映像作品はより身近な存在になっています。

●『2分の1の魔法』P

➡ "魔法が消えかけた"世界に暮らす少年イアンが、魔法に失敗し、亡き父を半分だけの姿でよみがえらせて……。父の完全復活のため、イアンと兄の冒険が始まる。

●『ソウルフル・ワールド』P

➡ 地上に生まれる前のソウル＜魂＞たちのいる世界に迷い込んだ音楽教師のジョーは、あるソウルのメンターになった。ディズニープラスで配信され、のちに劇場公開もされた。

●『バズ・ライトイヤー』P

➡『トイ・ストーリー』でおなじみ、オモチャのバズのもとになったヒーローの物語。乗組員とともに危険な惑星に不時着したスペース・レンジャー、バズ・ライトイヤーが、地球に帰還するためのミッションに挑む。

●『ストレンジ・ワールド／もうひとつの世界』

エネルギー源となる植物が絶滅しかけ、冒険家の父を持つサーチャーと家族は、その解決のためにまだ見ぬ世界へと旅立つことになる。

➡ 13歳の少女メイはあれこれ思い悩み、興奮するとレッサーパンダに変身してしまう。母親への反発、思春期の葛藤をコメディタッチで描く。

●『私ときどきレッサーパンダ』P

2020 ＞＞ 2021 ＞＞ 2022 ＞＞ 2023

●『ラーヤと龍の王国』

⬆ かつて龍に守られていた王国が、魔物に襲われる。長（おさ）の娘ラーヤは、伝説の最後の龍をよみがえらせ、平和を取り戻すことができるのか？　アジアの国々をモデルにした作品。

●『あの夏のルカ』P

⬆ のどかな港町を舞台に、人間の世界にもぐりこんだシー・モンスターのルカとアルベルトの、ひと夏の冒険と友情を描く。ディズニープラスで配信され、のちに劇場公開。

●『ミラベルと魔法だらけの家』

⬅ 家族のなかで一人だけ魔法のギフト（才能）を持たないミラベルが、魔法の力を持つ家の危機に直面し、家族を救うため立ち上がる。挿入歌「秘密のブルーノ」が全米でヒット。

●『ホーンテッドマンション』

⬆ ディズニーパークの人気アトラクションをもとにした実写映画。ゴーストの住む館に集まった人間たちが館の謎を解明しようとする。

●『マイ・エレメント』P

⬅ 火の女性エンバーと水の青年ウェイドという、お互いに相いれないはずのエレメントの2人が出会い、心を惹かれていく。

●『ウィッシュ』

⬆ 人々の願いが王に支配されていると知ったアーシャは、願いを取り戻そうと決心する。手描きを意識した映像で綴るミュージカルで、ウォルト・ディズニー・カンパニー100周年記念作品。

※各データは編集部調べです。映画の公開年は、アメリカで公開された年です。

東京ディズニーリゾート40年の歴史

Disney FAN Challenge

History

千葉県浦安市に東京ディズニーランドがオープンしたのは、
1983年4月15日のことでした。
日本人にとって遠い夢だった、
アメリカと同じディズニー体験ができるなんて！
日本中が歓喜に沸いた年でした。
あれから40年。東京ディズニーリゾートに成長した
テーマパークの歴史を振り返ります。

1983-2000

永遠に完成しない、夢と魔法の王国開園！

1983年4月15日に誕生した東京ディズニーランド。この年から夢と魔法がスタート。周年を重ねながら多くのパークファンを魅了してきました。

◆━ 東京ディズニーランド
◆━ 東京ディズニーシー
◆━ 東京ディズニーリゾート

※各データは編集部調べです。

クリッターカントリー オープン

10/1

4/15

東京ディズニーランド グランドオープン

↑4月15日、日本中が注目するなか、東京ディズニーランドが開園。この日、約2万人ものゲストが来園し、華やかにグランドオープンをお祝いしました。

7/12 「スター・ツアーズ」オープン

↑映画『スター・ウォーズ』の世界が楽しめる新アトラクションが誕生。迫力あふれる映像にびっくり。

4/21～6/17
「ドナルドのアメリカン・オールディーズ」開催

→'50～'60年代のアメリカン・オールディーズイベントの主役はドナルド！

↑6番目のテーマランドが登場。最高時速約62kmで急降下する「スプラッシュ・マウンテン」は今も大人気！

「東京ディズニーランド・エレクトリカルパレード」スタート 3/9～1995年6/21

→現在も多くのゲストに愛される、音楽にあふれた光の一大ページェント（パレード）の、最初の登場は開園2年目。

1983

1984 >> **1985** >> **1986** >> **1987**

1988

1989 >> **1990** >> **1991**

1992 >>>>

4/15～1993年4/8
「ディズニー・パーティグラ・パレード」

→高さ約12mのドナルドたちのバルーンフロートに驚いた、陽気なデイパレード。

東京ディズニーランド 開園5周年

4/15

東京ディズニーランド 1stアニバーサリー

↑記念すべき開園1周年。シンデレラ城前にディズニーキャラクターとキャストが大集合しました。

3/8

「アリスのティーパーティー」オープン

←オープン時は、今の「プーさんのハニーハント」の位置に。1998年にリニューアルして現在の場所に移転。

7/4
「ビッグサンダー・マウンテン」オープン

→7月に、現在も人気が高いアトラクションが登場。鉱山列車の、かつてないスリリングな暴走にみんな夢中です。

4/15

↑開園5周年、新しいショーやパレードが登場。ミッキーの熱気球が全国16都市をめぐる「フライングミッキー・フレンドシップツアー」が話題に。

東京ディズニーランド10thアニバーサリー

4/15〜1994年4/14

↑マジカルな10周年！ 新しいパレードやキャッスルショーで記念すべきアニバーサリーを盛大にお祝い。「スイスファミリー・ツリーハウス」など3つのアトラクションも登場しました。
写真は「東京ディズニーランド10thアニバーサリー・スペクタキュラー"イッツ・マジカル！"」

4/29〜11/14
「アラジンの大冒険」開催

→この年はパークが、映画『アラジン』の世界一色！ 壮大なキャッスルショーでした。

4/15
トゥーンタウン大公開

←7番目のテーマランド大公開！ それまで秘密とされていたミッキーたちが住む街をすべてのゲストに開放。トゥーンたちのギャグやジョークにあふれた街にゲストは大感激！

4/15〜10/15
「ドナルドのスーパーダック・パレード」

↑パークが「ドナルド・ワッキーキングダム」に。ハチャメチャゆかいなパレードやショーが楽しめました。

1/21〜6/30 「Club Disney スーパーダンシン・マニア」開催

↓「ミッキーマウス・マーチ」で踊るダンスが大人気。ミッキーと仲間たちも決まってました。

1993 >> **1994**

1995 >> **1996** >> **1997** >> **1998**

1999 >> **2000**

7/21〜2001年5/15
「ディズニー・ファンティリュージョン！」スタート

↓夢と魔法にあふれたナイトタイムエンターテイメントが登場。光のパレードは途中停止して、フロートがマジカルなメタモルフォーゼ（変身）でゲストを魅了。

7/19〜10/24
「ヘラクレス・ザ・ヒーロー」開催

→ギリシャ神話の世界感たっぷりのパレードでは、エクササイズでゲストも一緒に大盛り上がり！

4/15〜1999年3/19
東京ディズニーランド15thアニバーサリー

↓開園15周年を迎えたパーク。1年を4期に分けて、史上最大のカーニバルを開催。華やかなパレード、キャッスルショー「ビバ！ マジック」でお祝い。

↑パレード「ディズニーカーニバル」では、ミッキーは太陽の神に扮して登場。黄金に輝く姿がまぶしかった。

2001 - 2018

東京ディズニーシー誕生！そして東京ディズニーリゾートへ

構想から約14年、2001年9月4日、第2のパークがついに開園。この新しいパークの誕生をもって、東京ディズニーリゾートがスタートしました。

9/4

東京ディズニーシー グランドオープン

↑世界のディズニーパーク史上初となる"海"にまつわる物語や伝説をテーマにした、東京ディズニーシーが誕生。はるかなる航海がスタート！

7/17〜2010年11/13
「ブラヴィッシーモ！」スタート

↑水の精ベリッシーと火の精プロメテオのラブストーリーを描いた、壮大なナイトタイムエンターテイメント。

7/20〜8/31
「ボンファイアーダンス」開催

↓アラビアンコーストの特設ステージで"日本"をテーマにした王宮の夏祭りを開催。ボンファイアーダンスで大盛り上がり！

2004 » **2005** » **2006** » **2007**

2001 » **2002** » **2003**　　　**2008**

1/15〜5/31
「Dポップ・マジック！」開催

→Dポップにのせて7つのテーマランドを紹介。ミッキーたちのダンス、衣装が最高でした。

1/25〜2004年4/11
東京ディズニーランド 20thアニバーサリー

↓開園20周年を迎えた東京ディズニーランドでは、"Dream"をテーマにした盛大なセレブレーションパーティーを開催。

4/15〜8/31
「ディズニー・ロック・アラウンド・ザ・マウス」開催

↑'50〜'60年代のアメリカの陽気な若者文化を、ディズニー流にアレンジしたイベントを開催。楽しいロックのリズムにみんな感激！

4/15〜2009年4/14
東京ディズニーリゾート 25thアニバーサリー

↑"夢よ、ひらけ。"を合い言葉に、2つのパークで開園25周年をお祝い。華やかなエンターテイメントで、訪れたゲストを大歓迎。

東京ディズニーシー 5thアニバーサリー

←開園5周年はビッグスケール。豪華なイベントをはじめ、「ビッグバンドビート」や「タワー・オブ・テラー」などニューフェイスが次々と登場。

写真は「ミッキーのギフト・オブ・ドリームス」

7/14〜2007年5/31

写真は「ミート＆スマイル」

4/1〜6/30

「ディズニー・イースター・ワンダーランド」開催

←春を告げる、イースターをテーマにしたイベントが初開催。花にあふれたパレードが大人気。

5/12

「ニモ＆フレンズ・シーライダー」オープン

→魚サイズに縮んだ潜水艇で、海の世界を冒険できるアトラクションがオープンしました。

4/15〜2019年3/25

東京ディズニーリゾート35周年 "Happiest Celebration！"

↓"Happiest Celebration！"をテーマに、2つのパークで史上最大の祭典を約1年にわたって開催。

「モンスターズ・インク"ライド＆ゴーシーク！"」オープン

↓夢と魔法の王国に新アトラクション「モンスターズ・インク"ライド＆ゴーシーク！"」がオープン。東京ディズニーシーには「タートル・トーク」が10月1日に登場。

4/15

MONSTERS, INC. Ride & Go Seek! Tokyo Disneyland April 15, 2009

4/15〜2014年3/20

東京ディズニーリゾート 30周年 "ザ・ハピネス・イヤー"

↑開園30周年を祝うアニバーサリーイベントを2つのパークで開催。パレードや水上ショーで大盛り上がりしました。

>>>> 2009 >> 2010

2017 >> 2018 >>>>

2011

2016

9/4〜 2012年3/19

東京ディズニーシー 10thアニバーサリー "Be Magical！"

2012 >> 2013 >> 2014 >> 2015

7/17

「スティッチ・エンカウンター」オープン

←スティッチとリアルタイムで交信が楽しめる新アトラクションが誕生。スティッチのイタズラやユニークな発言に大笑い！

5/29〜2017年11/6

「ワンス・アポン・ア・タイム」公演

→プロジェクションマッピングを駆使した、新しいナイトタイムエンターテイメントが登場。

「トイ・ストーリー・マニア！」オープン

7/9

↑記念イベントに先立ち、「ファンタズミック！」や「ジャスミンのフライングカーペット」が登場し、開園10周年を盛大に祝福！

→大人気アトラクションがこの年に誕生。得点を競うユニークなゲームにゲストも夢中に。

4/15〜2017年3/17

東京ディズニーシー 15周年 "ザ・イヤー・オブ・ウィッシュ"

→みんなの"Wish（願い）"が込められたクリスタルが光り輝いた。開園15周年、東京ディズニーシーは新たな航海へ。

2019-2024

2つのパークの大規模開発により、リゾート全体がスケールアップ

充実する東京ディズニーリゾート。東京ディズニーランドに史上最大規模の開発エリアが登場し、東京ディズニーシーには「ファンタジースプリングス」が誕生！

7/23 「ソアリン：ファンタスティック・フライト」オープン

↓海外ディズニーテーマパークで人気を誇るアトラクションが日本上陸。東京ディズニーシー上空をフライトするというオリジナルストーリーもあり、オープン以来大人気！

9/4～2022年9/3 東京ディズニーシー20周年：タイム・トゥ・シャイン！

↑華やかな水上グリーティングやデコレーション、スペシャルグッズやメニューで20周年を盛大に祝福。

4/15～2024年3/31 東京ディズニーリゾート40周年 "ドリームゴーラウンド"

↓ゲストとキャスト、ディズニーの仲間たちの色とりどりの夢がひとつにつながる特別なアニバーサリーを開催。

2019 >> 2020 >> 2021 >> 2022 >> 2023 >> 2024

9/28 東京ディズニーランド 史上最大規模の開発エリアがオープン

ミニーのスタイルスタジオ

↑→ファンタジーランドに映画『美女と野獣』をテーマにしたエリアが誕生したほか、トゥーンタウン、トゥモローランドに9つの施設がオープン。新しい魔法の世界が花開きました。

美女と野獣 "魔法のものがたり"

↑荘厳な「美女と野獣の城」が舞台。魔法のカップに乗って『美女と野獣』の世界を満喫します。

11/11 「ビリーヴ！～シー・オブ・ドリームス～」スタート

↓ディズニーの仲間たちが、諦めずに信じ続けることで夢をかなえる姿を描いた壮大な夜の水上ショー。

↑映画『アナと雪の女王』『塔の上のラプンツェル』『ピーター・パン』をテーマにした3つのエリアで構成されています。

6/6 東京ディズニーシー 大規模拡張プロジェクト ファンタジースプリングス オープン

↑新テーマポート内には、東京ディズニーシー・ファンタジースプリングスホテルも誕生。ファンタジースプリングスの雰囲気を感じながら滞在できます。

※画像2点ともイメージです。

Chapter 4

Disney FAN Challenge

Quiz

あなたはチャレンジしてみた？
ディズニーのさまざまなジャンルから出題された
「ディズニーファン・チャレンジ」の問題を全掲載。
チェックボックス（■）を活用してトライしてね！

東京ディズニーリゾート

東京ディズニーリゾートの
アトラクションやレストラン、
ショップやモニュメントまで、
様々な角度から出題しています。
パーク通を自負するあなた、何問正解できる!?

東京ディズニーシー

東京ディズニーランド

東京ディズニーリゾートマーク凡例	アトラクションやエンターテイメント	レストラン
ショップ	モニュメントや施設	歴史・未来

東京ディズニーランド編

Tokyo Disneyland

第1問

 「スイスファミリー・ツリーハウス」より

入り口左手にある落とし穴。
ここから聞こえてくる、声の正体は？

☐ オウムが話す声
☐ 犬が吠える声
☐ トラのうなり声
☐ ヘビが鳴く声

第2問

 「ジャングルクルーズ：ワイルドライフ・エクスペディション」より

アトラクションで体験しないことは？

☐ 滝の裏側を通る
☐ 謎の神殿に入る
☐ セールスマンに遭遇する
☐ 炎の中を通る

第3問

 「魅惑のチキルーム：スティッチ・プレゼンツ"アロハ・エ・コモ・マイ！"」より

ハワイ出身の4羽の鳥。ハウオリ、マヌ、ワハヌイ、あと1羽の名前は？

☐ ポポ
☐ チキ
☐ マヒナ
☐ マサーカ

第4問

「ウエスタンリバー鉄道」より

4台の蒸気機関車には、アメリカを代表する、なんの名前がつけられている？

☐ 大きな川
☐ 有名な野球チーム
☐ 高い山
☐ 強い動物

 答えと解説はP.76〜

第5問　「カントリーベア・シアター」より

入り口頭上で見ることができるものは？

- ☐ ハチの巣
- ☐ キツツキが開けた穴
- ☐ ネズミの足跡
- ☐ ツバメの卵

 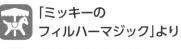
第6問　「ミッキーのフィルハーマジック」より

魔法の帽子をドナルドにかぶせてくれたキャラクターは？

- ☐ ピーターパン
- ☐ アリエル
- ☐ ジャスミン
- ☐ ミゲル

第7問　「ホーンテッドマンション」より

最初に通される部屋にある男性の肖像画。見ていると、なにに変わる？

- ☐ ミイラ　　☐ 狼男
- ☐ ガイコツ　☐ 吸血鬼

第8問　「美女と野獣"魔法のものがたり"」より

「朝食部屋」にいるのは？

- ☐ ポット夫人とチップ
- ☐ コグスワースとルミエール
- ☐ 野獣とサルタン
- ☐ ベルと野獣

第9問　「ミニーの家」より

ミニーの家にないものはどれ？

- ☐ ミッキーシェイプの大きな鏡台
- ☐ ミニーの服を自由にアレンジできるコーディネイトマシン
- ☐ いい匂いがする香水のスプレー
- ☐ おいしそうなチーズが並ぶ冷蔵庫

第10問　「モンスターズ・インク"ライド＆ゴーシーク！"」より

ゲーム終了後にゲストに話しかけてくるキャラクターは？

- ☐ ブー
- ☐ ランドール
- ☐ ロズ
- ☐ セリア

第11問　「センターストリート・コーヒーハウス」より

店内の壁に描かれているディズニー映画は？

- ☐ 『バンビ』
- ☐ 『ピノキオ』
- ☐ 『ビアンカの大冒険』
- ☐ 『おしゃれキャット』

答えと解説はP.76〜

45

Quiz

東京ディズニーリゾート

ウォルト・ディズニーと歴史

長編アニメーション

その他　ディズニー雑学

第12問

 「クイーン・オブ・ハートの
バンケットホール」より

建物脇にあるペットボトル飲料販売機は、なにをモチーフにした形？

- ☐ トランプ
- ☐ ハート
- ☐ ティーポット
- ☐ 懐中時計

第13問

 「パン・ギャラクティック・
ピザ・ポート」より

トニー・ソラローニ店長は何者？

- ☐ 宇宙船の
  パイロット
- ☐ ユーモラスな
  宇宙人
- ☐ ピザ王国の王子
- ☐ フレンチ料理の達人

第14問

 「ハングリーベア・レストラン」より

開拓時代のアメリカ西部をイメージした4つのダイニングエリア。エリアのモチーフになっていないのは？

- ☐ 酒場
- ☐ 留置場
- ☐ 理髪店
- ☐ 消防署

第15問

 「ビッグポップ」より

天井の星空にときどき現れるのは、なんのキャラクターの星座？

- ☐ バズ・ライトイヤー
- ☐ サリー
- ☐ ベイマックス
- ☐ リトルグリーンメン

第16問

 「ハーモニーフェア」より

店内に飾ってある、楽譜の曲は？

- ☐ ミッキーマウス・
  マーチ
- ☐ 夢はひそかに
- ☐ 星に願いを
- ☐ ひとりぼっちの
  晩餐会

第17問

 「トイ・ステーション」より

店内に飾られている、プルートが乗っている乗り物は？

- ☐ 気球
- ☐ 自転車
- ☐ 空飛ぶ
  じゅうたん
- ☐ ロケット

答えと解説はP.78～

第18問

仕事中のシルエットが！ミッキーがオーナーのこのショップはどこ？

- ☐ グランドエンポーリアム
- ☐ ハウス・オブ・グリーティング
- ☐ タウンセンターファッション
- ☐ ペイストリーパレス

第19問

シンデレラ城の1階通路にあるアーチ状のモザイク画は全部で何枚？

- ☐ 2枚　☐ 3枚
- ☐ 4枚　☐ 5枚

第20問

ウォルト・ディズニーとミッキーが並ぶブロンズ像、「パートナーズ」。東京ディズニーランド開園何周年のときに設置された？

- ☐ 開園5周年　☐ 開園10周年
- ☐ 開園15周年　☐ 開園20周年

第21問

東京ディズニーリゾート25周年を記念して登場したデイタイムパレード「ジュビレーション！」（2008年〜2013年）。ミニーが乗ったフロートをひっぱっていたペガサスは何頭？

- ☐ 2頭　☐ 4頭
- ☐ 6頭　☐ 8頭

第22問

「ファンタジーランド・フォレストシアター」より建物から、顔をのぞかせている動物は？

- ☐ アライグマ
- ☐ 猫
- ☐ リス
- ☐ キツネ

第23問

逆立ちしたピエロが目印！1987年〜1998年の期間に営業していたレストランの名前は？

- ☐ スモールワールド・レストラン
- ☐ キャンティーン
- ☐ スペースプレース・フードポート
- ☐ プラザ・レストラン

第24問

1988年〜1995年に上演された、ウォルト・ディズニーの夢の世界をステージに再現したエンターテイメントは？

- ☐ ミッキーマウス・クラブ
- ☐ ミニー・オー！ミニー
- ☐ ワンマンズ・ドリーム
- ☐ フィエスタ・トロピカール

東京ディズニーシー編

Tokyo DisneySea

第25問 「ソアリン：ファンタスティック・フライト」より

カメリア・ファルコの大切な友だち、アレッタは、なんの鳥？

- ☐ ハヤブサ
- ☐ ワシ
- ☐ タカ
- ☐ トンビ

第26問 「ディズニーシー・トランジットスチーマーライン」より

小型蒸気船のカラーは全何色？

- ☐ 3色
- ☐ 4色
- ☐ 5色
- ☐ 6色

第27問 「フォートレス・エクスプロレーション」より

このガリオン船の名前は？

- ☐ S.E.A.号
- ☐ マゼラン号
- ☐ コロンブス号
- ☐ ルネサンス号

第28問 「タワー・オブ・テラー」より

ハイタワー三世が失踪したのは13年前のいつ？

- ☐ クリスマス
- ☐ 新年
- ☐ 誕生日
- ☐ 大晦日

第29問 「トイ・ストーリー・マニア！」より

的を撃つ発射装置の名称は？

- ☐ ヒッター
- ☐ ゲッター
- ☐ ハンター
- ☐ シューター

第30問 「ニモ＆フレンズ・シーライダー」より

潜水艇を魚サイズにすることができる、特殊な物質の名前は？

- ☐ スモールニウム
- ☐ チヂミマウス
- ☐ チヂミニウム
- ☐ スモールマシン

答えと解説はP.80〜

第31問

「インディ・ジョーンズ®・アドベンチャー：クリスタルスカルの魔宮」より

アトラクションで遭遇しないものは？

- ☐ ジャガー
- ☐ 大蛇
- ☐ 虫の大群
- ☐ 炎の息

第32問

「シンドバッド・ストーリーブック・ヴォヤッジ」より

嵐からシンドバッドたちを助けたのは？

- ☐ くじら
- ☐ ルク鳥
- ☐ 巨人
- ☐ 人魚

第33問

「アリエルのプレイグラウンド」より

ガリオン・グレイヴヤードで見られるものは？

- ☐ サメの強襲
- ☐ イワシの大群
- ☐ カメの産卵
- ☐ ヤドカリの行進

第34問

「海底2万マイル」より

ゲストが乗る小型潜水艇を襲う巨大な生き物は？

- ☐ サメ
- ☐ タコ
- ☐ イカ
- ☐ エイ

第35問

「ビッグバンドビート〜ア・スペシャルトリート〜」より

ミッキーが演奏する楽器はドラムとなに？

- ☐ ギター
- ☐ マラカス
- ☐ ピアノ
- ☐ シンバル

第36問

「ビリーヴ！〜シー・オブ・ドリームス〜」より

フィナーレのシーンで、プルートと同じ船に乗っているキャラクターは？

- ☐ ロストキッズ
- ☐ アブー
- ☐ モアナ
- ☐ ミゲル

第37問

店内に19世紀当時の
電話があるこのレストランは？

- ☐ ザンビーニ・
  ブラザーズ・
  リストランテ
- ☐ カフェ・
  ポルトフィーノ
- ☐ リストランテ・ディ・カナレット
- ☐ マンマ・ビスコッティーズ・ベーカリー

第38問

フィッシュマーケットを
改装して作られたのは？

- ☐ シーサイドスナック
- ☐ カフェ・
  ポルトフィーノ
- ☐ ケープコッド・
  クックオフ
- ☐ レストラン櫻

第39問

「テディ・ルーズヴェルト・ラウンジ」
より

店の中にあるものは？

- ☐ 花壇　☐ ピアノ　☐ 暖炉　☐ 水槽

第40問

「ホライズンベイ・レストラン」より

店内に入ってすぐ、頭上に見える
ものは？

- ☐ 潜水艦
- ☐ トロフィー
- ☐ 天球儀
- ☐ オートバイ

第41問

「ユカタン・ベースキャンプ・グリル」
より

テラス席で見ることができるものは？

- ☐ 螺旋階段
- ☐ 隕石
- ☐ 遺跡
- ☐ 溜め池

第42問

「エンポーリオ」より

店内の天井は、どんなデザインに
なっている？

- ☐ 砂浜　　☐ 海底
- ☐ 夜空　　☐ 花畑

第43問

「ヴァレンティーナズ・スウィート」
より

店内に飾られている、ディズニーキャ
ラクターのカップルの絵画。全部で
何枚ある？

- ☐ 6枚　　☐ 7枚
- ☐ 8枚　　☐ 10枚

答えと解説はP.82〜

第44問

 「ノーチラスギフト」より

店の中に飾られているものは？

- ☐ 肖像画
- ☐ 潜水服
- ☐ 探査機
- ☐ 小型船

第45問

「ディズニーシー・アクアスフィア」の周囲にあるマンホールにデザインされているものは？

- ☐ 海のシンボルマーク
- ☐ 船のシンボルマーク
- ☐ 星座のシンボルマーク
- ☐ 国旗のシンボルマーク

第46問

プロメテウス火山の斜面で作業中の、巨大なマシンの正体は？

- ☐ 圧搾機
- ☐ 削岩機
- ☐ 噴火抑制機
- ☐ 地底探査機

第47問

2009年、2010年の「ディズニー・ハロウィーン」で開催された「ミステリアス・マスカレード」。フィナーレのシーンのミッキーのマスクの色は？

- ☐ オレンジ　☐ 黒　☐ 赤　☐ ゴールド

第48問

2001年〜2012年の期間に営業していた、美しい絵画が天井に描かれた、このお店の名前は？

- ☐ ジュリエット・コレクション＆トレジャー
- ☐ ニコロズ・ワークショップ
- ☐ ダ・ヴィンチズ・トラベルフォト
- ☐ ロミオ・ウォッチ＆ジュエリー

第49問

2001年〜2016年の期間に運営していた「ストームライダー」。ゲストが乗りこんだストームライダー2のパイロットの名前は？

- ☐ キャプテン・ネモ
- ☐ キャプテン・スコット
- ☐ キャプテン・クック
- ☐ キャプテン・デイビス

答えと解説はP.83〜

東京ディズニーリゾート

ウォルト・ディズニーと歴史

長編アニメーション

その他 ディズニー雑学

第50問

2024年6月6日に誕生する東京ディズニーシーの新テーマポート、ファンタジースプリングス。このエリアにオープンするアトラクションの数は？

- ☐ 2つ
- ☐ 3つ
- ☐ 4つ
- ☐ 5つ

第51問

ファンタジースプリングスのテーマは「○○○○が導くディズニーファンタジーの世界」。○○○○に入るものは？

- ☐ 魔法の谷
- ☐ 魔法の杖
- ☐ 魔法の鏡
- ☐ 魔法の泉

東京ディズニーリゾート編
Tokyo Disney Resort

第52問

「東京ディズニーリゾート・トイ・ストーリーホテル」より

フロントデスクの上にあるものは？

- ☐ 積み木
- ☐ ゲームボード
- ☐ 鉛筆
- ☐ ぬいぐるみ

第53問

「東京ディズニーランドホテル」より

屋外プール「ミスティマウンテンズ・プール」。デザインのテーマになった映画は？

- ☐ 『シンデレラ』
- ☐ 『ふしぎの国のアリス』
- ☐ 『ピーター・パン』
- ☐ 『ピノキオ』

第54問

「ディズニーリゾートライン」より

ミッキーがデザインされた時計がある駅は？

- ☐ 東京ディズニーランド・ステーション
- ☐ 東京ディズニーシー・ステーション
- ☐ ベイサイド・ステーション
- ☐ リゾートゲートウェイ・ステーション

第55問

「ディズニーリゾートライン」より

新型車両「リゾートライナー（Type C）」がデビューしたときの車体の色は？

- ☐ グリーン
- ☐ イエロー
- ☐ ブルー
- ☐ パープル

ウォルト・ディズニーと歴史

ディズニー社の創始者ウォルト・ディズニーは、
1901年に生まれました。
映画、テレビ、テーマパークと、
激動する1900年代のアメリカを駆け抜けた
エンターテイメント界の神様の足跡をたどりましょう。

第56問 ウォルト・ディズニーの生誕地は？

- ☐ シカゴ
- ☐ ロサンゼルス
- ☐ カンザスシティ
- ☐ マーセリーン

第57問 ウォルト・ディズニーがアニメーションを作りはじめた場所は？

- ☐ カンザスシティ　☐ シカゴ
- ☐ ロサンゼルス　☐ マーセリーン

第58問 ウォルト・ディズニーが心の故郷として愛し、カリフォルニアのディズニーランド・パークのメインストリートUSAのモデルになった街は？

- ☐ マーセリーン
- ☐ カンザスシティ
- ☐ シカゴ
- ☐ ロサンゼルス

第59問 ウォルト・ディズニーの妻の名は？

- ☐ ルース
- ☐ ダイアン
- ☐ シャロン
- ☐ リリアン

第60問 ビジネスパートナーとしてウォルト・ディズニーを支えた兄の名は？

- ☐ イライアス
- ☐ ハーバート
- ☐ レイモンド
- ☐ ロイ

答えと解説はP.86〜

53

第**61**問

ウォルト・ディズニーが最初に
アカデミー賞を受賞した作品は？

☐『蒸気船ウィリー』　　☐『花と木』

☐『三匹の子ぶた』　　☐『白雪姫』

第**62**問

ウォルト・ディズニーが直接指揮した
最後のアニメーションは？

☐『王様の剣』　　☐『101匹わんちゃん』

☐『ジャングル・ブック』　　☐『おしゃれキャット』

第**63**問

ミッキーマウスが
デビューした場所は？

☐ニューヨーク
☐ロサンゼルス
☐ロンドン
☐パリ

第**64**問

2023年、ミッキーはデビュー何周年？

☐85周年
☐90周年
☐95周年
☐100周年

第**65**問

最初に発売されたミッキーグッズは？

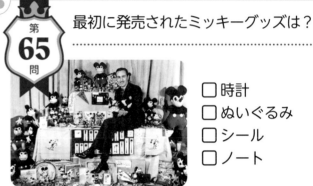

☐時計
☐ぬいぐるみ
☐シール
☐ノート

第**66**問

主演の短編がアカデミー賞を
受賞したのは？

☐プルート

☐ミッキー

☐ミニー

☐グーフィー

答えと解説はP.86〜

(左端・縦書き) 東京ディズニーリゾート　ウォルト・ディズニーと歴史　長編アニメーション　その他　ディズニー雑学

第67問
1955年から始まったテレビ番組「ミッキーマウス・クラブ」の最高視聴率は？

- ☐ 60%
- ☐ 65%
- ☐ 70%
- ☐ 75%

第68問
日本で最初にミッキーの本が出版されたのは何年？

- ☐ 1930年
- ☐ 1940年
- ☐ 1950年
- ☐ 1960年

第69問
デイジーはデビューしたとき、なんという名前だった？

- ☐ ドンナ・ダック
- ☐ コンナ・ダック
- ☐ ソンナ・ダック
- ☐ アンナ・ダック

第70問
1980年のモスクワオリンピックで、フランスチームのマスコットに抜擢されたのは？

 ☐ グーフィー　☐ ミッキー

 ☐ ミニー　☐ ドナルド

第71問
ミッキー、ドナルド、グーフィーの名トリオが結成された作品は？

- ☐『ミッキーの大演奏会』
- ☐『ミッキーの自動車修理』
- ☐『ミッキーのお化け退治』
- ☐『ミッキーの大時計』

第72問
カリフォルニアのディズニーランド・パークの開園は何年？

- ☐ 1950年
- ☐ 1955年
- ☐ 1960年
- ☐ 1965年

答えと解説はP.87～

Quiz

答えと解説はP.88〜

東京ディズニーリゾート

ウォルト・ディズニーと歴史

長編アニメーション

その他　ディズニー雑学

第73問

カリフォルニアのディズニーランド・パークの開園時になかったアトラクションは？

- ☐ ジャングルクルーズ
- ☐ 蒸気船マークトウェイン号
- ☐ 空飛ぶダンボ
- ☐ ピーターパン空の旅

第74問

「カリブの海賊」などでお馴染みの動く人形、オーディオ・アニマトロニクス。最初に作られたアメリカ大統領は？

- ☐ セオドア・ルーズベルト
- ☐ ジョージ・ワシントン
- ☐ エイブラハム・リンカーン
- ☐ ジョン・F・ケネディ

第75問

1964年〜1965年に開催されたニューヨーク世界博覧会でデビューした人気アトラクションは？

- ☐ イッツ・ア・スモールワールド
- ☐ 魅惑のチキルーム
- ☐ カリブの海賊
- ☐ ホーンテッドマンション

第76問

カリフォルニアのディズニーランド・パークにそびえる山は、実在の山のレプリカ。その山とは？

- ☐ マッターホルン
- ☐ エベレスト
- ☐ キリマンジャロ
- ☐ モンブラン

第77問

カリフォルニアのディズニーランド・パークにない遊園地の定番の乗り物は？

- ☐ メリーゴーラウンド
- ☐ 観覧車
- ☐ ローラーコースター
- ☐ ティーカップ（コーヒーカップ）

第78問

ウォルト・ディズニー社の設立は？

- ☐ 1920年　☐ 1923年
- ☐ 1926年　☐ 1928年

第79問

ミッキーマウスの「もう一人の生みの親」といわれるこの人は？

- ☐ アブ・アイワークス
- ☐ ハチ・アイワークス
- ☐ ハエ・アイワークス
- ☐ アリ・アイワークス

第80問

ウォルト・ディズニーが「○○○・オールド・メン」と名づけた名アニメーターは何人？

- ☐ 7人
- ☐ 8人
- ☐ 9人
- ☐ 10人

第81問

シンデレラやティンカー・ベル、マレフィセントなどを手がけ、女性キャラクターのエキスパートといわれたこの人は？

- ☐ マーク・デイヴィス
- ☐ フランク・トーマス
- ☐ オリー・ジョンストン
- ☐ ウォード・キンボール

第82問

ジミニー・クリケットやチェシャ猫などを手がけたこの人は？

- ☐ フランク・トーマス
- ☐ マーク・デイヴィス
- ☐ ウォード・キンボール
- ☐ オリー・ジョンストン

第83問

『メリー・ポピンズ』の音楽を手がけたソングライターのシャーマン兄弟が関わっていない作品は？

- ☐ 『くまのプーさん』
- ☐ 『ジャングル・ブック』
- ☐ 『おしゃれキャット』
- ☐ 『101匹わんちゃん』

第84問

ディズニー・スタジオの有志で結成された「ファイアーハウス5＋2」とは？

- ☐ 野球チーム
- ☐ ジャズバンド
- ☐ ゴルフクラブ
- ☐ 消防団

FIREHOUSE FIVE PLUS TWO

長編アニメーション

1937年に世界初の長編カラーアニメーションを製作したのは
ウォルト・ディズニーでした。以来、数々の名作が生まれ、
CGアニメーションの雄ピクサー作品も加わりました。

長編アニメーションマーク凡例

1st 1937-1967	ウォルト・ディズニーが直接関わった第1期
2nd 1970-1994	ウォルト没後からの第2期
3rd 1995-2022	ピクサー参入から現代まで

ディズニーアニメーション編
Disney Animation

第85問 **1st** 『白雪姫』(1937)より

白雪姫が留守中の七人のこびとの家で
動物たちと、やらなかったことは？

- ☐ 皿洗い
- ☐ 洗濯
- ☐ 煙突掃除
- ☐ 料理

第86問 **1st** 『ピノキオ』(1940)より

あやつり人形のピノキオを、動けるよ
うにしてくれたブルー・フェアリーは、
何の女神？

- ☐ 星の女神
- ☐ 月の女神
- ☐ 夜の女神
- ☐ 春の女神

第87問 **1st** 『ファンタジア』(1940)より

ミッキーが弟子入りする魔法使い、
イェンシッドの名前の由来は？

- ☐ ウォルト
- ☐ ディズニー
- ☐ ミッキー
- ☐ オズワルド

第88問 **1st** 『ダンボ』(1941)より

ダンボたちを運ぶサーカス列車は？

- ☐ ケイシー・ジュニア
- ☐ パーシー・ジュニア
- ☐ ウエスタンリバー
  鉄道
- ☐ パシフィック鉄道

答えと解説はP.91〜

第89問

1st 『ダンボ』(1941)より

初めて会ったときに、ティモシーが
ダンボにくれた食べ物は？

- ☐ リンゴ
- ☐ ポップコーン
- ☐ にんじん
- ☐ ピーナツ

第90問

1st 『バンビ』(1942)より

バンビのガールフレンドの名前は？

- ☐ ファリーン
- ☐ ポリーン
- ☐ キャリーン
- ☐ カリーン

第91問

1st 『バンビ』(1942)より

バンビの友だちのウサギの名前は？

- ☐ とんすけ
- ☐ ぴょんすけ
- ☐ ころすけ
- ☐ ぽんすけ

第92問

1st 『シンデレラ』(1950)より

フェアリー・ゴッドマザーが魔法を
かけたネズミたちは、なにに、なった？

- ☐ 御者
- ☐ お付きの者
- ☐ 馬車
- ☐ 馬

第93問

1st 『ふしぎの国のアリス』(1951)より

マッドハッターたちが
開いていたのは、なんのパーティー？

- ☐ バースデー・パーティー
- ☐ アンバースデー・パーティー
- ☐ サプライズ・
  パーティー
- ☐ ディナー・
  パーティー

第94問

1st 『ピーター・パン』
(1953)より

フック船長の左手を食べて
しまったのは？

- ☐ ワニ
- ☐ サメ
- ☐ シャチ
- ☐ すっぽん

答えと解説はP.91〜

Quiz

第95問

1st 『ピーター・パン』(1953)より

ネバーランドの迷子たち(ロスト・ボーイズ)ではないのは?

- ☐ カビー
- ☐ スミー
- ☐ フォクシー
- ☐ スカンク

第96問

1st 『わんわん物語』(1955)より

レディとトランプには、子犬が何匹生まれた?

- ☐ 1匹
- ☐ 2匹
- ☐ 3匹
- ☐ 4匹

第97問

1st 『わんわん物語』(1955)より

セーラおばさんの意地悪な飼い猫は?

- ☐ ペルシャ猫
- ☐ シャム猫
- ☐ 三毛猫
- ☐ スコティッシュ
  フォールド

第98問

1st 『眠れる森の美女』(1959)より

キスをしてオーロラ姫を
眠りから覚ました王子の名前は?

- ☐ フィリップ王子
- ☐ スリップ王子
- ☐ クリップ王子
- ☐ チューリップ王子

第99問

1st 『101匹わんちゃん』(1961)より

ポンゴとパディータの子犬は、何匹?

- ☐ 11匹
- ☐ 12匹
- ☐ 13匹
- ☐ 15匹

第100問

1st 『王様の剣』(1963)より

主人公のワートは、のちになんという
王様になる?

- ☐ ウィリアム王
- ☐ ジョン王
- ☐ アーサー王
- ☐ チャールズ王

答えと解説はP.92〜

第101問 1st 『ジャングル・ブック』(1967)より

このお話の舞台は？

- ☐ メキシコ
- ☐ ブラジル
- ☐ インド
- ☐ インドネシア

第102問 2nd 『おしゃれキャット』(1970)より

絵を描くのが得意な子猫は？

- ☐ ベルリオーズ
- ☐ マリー
- ☐ トゥルーズ
- ☐ オマリー

第103問 2nd 『おしゃれキャット』(1970)より

主題歌を歌っている、シャンソン界の大スターは？

- ☐ モーリス・シュヴァリエ
- ☐ イヴ・モンタン
- ☐ エディット・ピアフ
- ☐ シャルル・アズナヴール

第104問 2nd 『ロビンフッド』(1973)より

ロビン・フッドたちが活躍する森は？

- ☐ シャーウッドの森
- ☐ シャーベットの森
- ☐ ヒッコリーの森
- ☐ ノルウェイの森

第105問 2nd 『くまのプーさん／完全保存版』(1977)より

プーさんたちが住む森の広さは？

- ☐ 1エーカー
- ☐ 10エーカー
- ☐ 100エーカー
- ☐ 1000エーカー

第106問 2nd 『くまのプーさん／完全保存版』(1977)より

ピグレットは、なんのぬいぐるみ？

- ☐ ウサギ
- ☐ イヌ
- ☐ ブタ
- ☐ ハムスター

🎓 答えと解説はP.93〜

Quiz

第107問

2nd 『ビアンカの大冒険』(1977)より

ビアンカは、どんな組織のメンバー？

- ☐ 世界銀行
- ☐ 国連安全保障理事会
- ☐ 国際救助救援協会
- ☐ 国際刑事裁判所

第108問

2nd 『きつねと猟犬』(1981)より

猟犬コッパーの飼い主は？

- ☐ エイモス
- ☐ エイブラハム
- ☐ エイダン
- ☐ エイブル

第109問

2nd 『オリビアちゃんの大冒険』(1986)より

ネズミの名探偵、バジルのモデルになったのは？

- ☐ シャーロック・ホームズ
- ☐ エルキュール・ポアロ
- ☐ コロンボ
- ☐ ブラウン神父

第110問

2nd 『オリバー／ニューヨーク子猫ものがたり』(1988)より

オリバーの仲間ではないのは？

- ☐ ドジャー
- ☐ ロスコー＆デソート
- ☐ アインシュタイン
- ☐ フランシス

第111問

2nd 『リトル・マーメイド』(1989)より

アリエルはアースラから、なにと交換に人間の足をもらった？

- ☐ ネックレス
- ☐ 宝石
- ☐ 矛
- ☐ 声

第112問

2nd 『美女と野獣』(1991)より

野獣がベルに、絶対入ってはいけないと禁じていた場所は？

- ☐ 西の棟
- ☐ 東の棟
- ☐ 南の棟
- ☐ 北の棟

第113問

2nd 『美女と野獣』(1991)より

ガストンの手下の名前は？

- ☐ ラ・フウ
- ☐ リ・フウ
- ☐ ル・フウ
- ☐ レ・フウ

第114問 2nd 『アラジン』(1992)より

アラジンが魔法のランプに願った、
3つめの願い事とは？

- ☐ ほんとうの王子になる
- ☐ ジーニーを自由にする
- ☐ ジャスミンと結婚する
- ☐ ジャスミンと世界旅行をする

第115問 2nd 『ライオン・キング』(1994)より

ティモンとプンバァが
シンバに教えてくれた言葉は？

- ☐ ハクナ・マタタ
- ☐ ネバー・マインド
- ☐ ドンマイ
- ☐ ケセラセラ

第116問 2nd 『ライオン・キング』(1994)より

ハイエナではないのは？

- ☐ バンザイ
- ☐ シェンジ
- ☐ ラフィキ
- ☐ エド

第117問 3rd 『ポカホンタス』(1995)より

ポカホンタスが住む地にやってきた
ジョン・スミスの仕事は？

- ☐ 音楽家　　☐ 画家
- ☐ 冒険家　　☐ 建築家

第118問 3rd 『ノートルダムの鐘』(1996)より

カジモドの仕事は？

- ☐ 鐘つき
- ☐ 神父
- ☐ 庭師
- ☐ オルガン弾き

第119問 3rd 『ヘラクレス』(1997)より

ヘラクレスが退治した怪物ではないの
は？

- ☐ ネッサス
- ☐ ピロクテテス
- ☐ ヒドラ
- ☐ エリュマントスのイノシシ

第120問 3rd 『ムーラン』(1998)より

男装したムーランが、とっさに名乗っ
た名前は？

- ☐ パン　　☐ ピン
- ☐ プン　　☐ ペン

答えと解説はP.96〜

第121問 3rd 『ファンタジア／2000』(2000)より

「ピアノ協奏曲第2番」に登場する、意地悪なびっくり箱の人形のモデルとは？

- ☐ アンソニー・ホプキンス
- ☐ トム・ハンクス
- ☐ ジャック・ニコルソン
- ☐ トム・クルーズ

第122問 3rd 『リロ＆スティッチ』(2002)より

犬のふりをしたスティッチは、ジャンバ博士が作った試作品何号？

- ☐ 226号
- ☐ 426号
- ☐ 626号
- ☐ 826号

第123問 3rd 『チキン・リトル』(2005)より

エイリアンたちは、なにをしに町に来ていた？

- ☐ 子どもをさらいに来た
- ☐ どんぐりをひろいに来た
- ☐ 地球を植民地にするために来た
- ☐ 科学技術を盗みに来た

第124問 3rd 『ライアンを探せ！』(2006)より

ジャングルでライアンたちに襲いかかる動物は？

- ☐ ヌー
- ☐ ハイエナ
- ☐ バイソン
- ☐ 大蛇

第125問 3rd 『ルイスと未来泥棒』(2007)より

ルイスが子どものときに発明したのは？

- ☐ 記憶スキャナー
- ☐ タイムマシン
- ☐ ファミリーロボット
- ☐ 恐竜呼び出しマシン

第126問 3rd 『ボルト』(2008)より

ボルトって、どんな犬？

- ☐ 災害救助犬
- ☐ 盲導犬
- ☐ ペットショップの看板犬
- ☐ テレビスター

第127問 3rd 『プリンセスと魔法のキス』(2009)より

カエルのナヴィーン王子にキスをしたティアナは、なにに変身した？

- ☐ カエル
- ☐ ホタル
- ☐ ヘビ
- ☐ ワニ

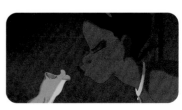

 答えと解説はP.97〜

第128問 3rd 『塔の上のラプンツェル』(2010)より

ラプンツェルの唯一の友だちの、カメレオンの名前は?

- ☐ パスカル
- ☐ パステル
- ☐ パスタ
- ☐ パスツール

第129問 3rd 『くまのプーさん』(2011)より

プーさんたちが、クリストファー・ロビンをさらったと思いこんだ怪物は?

- ☐ スグモドル
- ☐ アスカエル
- ☐ イツカエル
- ☐ イッタキリ

第130問 3rd 『シュガー・ラッシュ』(2012)より

日本公開バージョンだけに登場するキャラクターは?

①  ②

③  ④

第131問 3rd 『アナと雪の女王』(2013)より

ハンスにだまされ、凍えるアナを助けてくれたのは?

- ☐ エルサ
- ☐ クリストフ
- ☐ オラフ
- ☐ スヴェン

第132問 3rd 『プレーンズ』(2013)より

主人公ダスティの仕事は?

- ☐ 郵便配達
- ☐ 農薬散布
- ☐ 旅客輸送
- ☐ 貨物輸送

第133問 3rd 『プレーンズ2／ファイアー＆レスキュー』(2014)より

レスキュー隊のリーダーは?

- ☐ ブレード
- ☐ ディッパー
- ☐ キャビー
- ☐ マルー

東京ディズニーリゾート　ウォルト・ディズニーと歴史　長編アニメーション　その他　ディズニー雑学

答えと解説はP.99〜

第134問 3rd 『ベイマックス』(2014)より

ベイマックスの顔は、日本の"あるもの"にインスパイアされている。それはなに?

☐ お饅頭
☐ 提灯
☐ ビー玉
☐ 鈴

第135問 3rd 『ベイマックス』(2014)より

ヒロのおばさん、キャスが飼っている猫の名前は?

☐ モチ
☐ ダイフク
☐ ダンゴ
☐ アン

第136問 3rd 『モアナと伝説の海』(2016)より

モアナが見つけ出したマウイは、孤島に何年閉じこめられていた?

☐ 1年
☐ 10年
☐ 100年
☐ 1000年

第137問 3rd 『ズートピア』(2016)より

作品に登場する"275"という数字は、なにを表している?

☐ ジュディのきょうだいの数
☐ 歌姫ガゼルの親衛隊の数
☐ ジュディが警察官の訓練をした日数
☐ ニックとフィニックが作った
　 アイスキャンディーの数

第138問 3rd 『シュガー・ラッシュ：オンライン』(2018)より

作品に登場するディズニーのファンサイトで正しいものは?

☐ Oh My Disney .com
☐ Oh My Disneyfan .com
☐ Oh My Disneymania .com
☐ Oh My Disneyprincess .com

第139問 3rd 『アナと雪の女王2』(2019)より

エルサが、自分の謎を知るために向かった場所は?

☐ ノーサルドラ
☐ アレンデール
☐ アートハラン
☐ サザンアイルズ

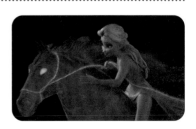
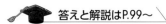

東京ディズニーリゾート　ウォルト・ディズニーと歴史　長編アニメーション　その他　ディズニー雑学

ピクサーアニメーション編
Pixar Animation

第140問 3rd

『ラーヤと龍の王国』(2021)より

龍シスーがいちばん得意なことは？

- ☐ 泳ぐ
- ☐ 飛ぶ
- ☐ 食べる
- ☐ 寝る

第141問 3rd

『ラーヤと龍の王国』(2021)より

クマンドラにない国は？

- ☐ タロン(爪)
- ☐ ハート(心臓)
- ☐ ブレイン(脳)
- ☐ ファング(牙)

第142問 3rd

『ミラベルと魔法だらけの家』
(2021)より

"動物の魔法"のギフトを授かったのは？

- ☐ ルイーサ
- ☐ アントニオ
- ☐ イサベラ
- ☐ ドロレス

第143問 3rd

『ストレンジ・ワールド／
もうひとつの世界』(2022)より

サーチャーが飼っている陽気な犬の名は？

- ☐ レジェンド
- ☐ バーニー
- ☐ スプラット
- ☐ ドン

第144問 3rd

『トイ・ストーリー』(1995)より

ウッディが初登場したときに
起きあがってしゃべったセリフは？

- ☐ 「手ぇ上げな」
- ☐ 「まいったな」
- ☐ 「俺のブーツにゃ
  ガラガラヘビ」
- ☐ 「無限の彼方へ」

第145問 3rd

『トイ・ストーリー2』(1999)より

オモチャマニアのアルがウッディやジェシーを売ろうとしていた相手は？

- ☐ コニシ・オモチャ博物館
- ☐ ブリキのおもちゃ博物館
- ☐ クサカ・オモチャ博物館
- ☐ ラウンドアップ・
  オモチャ博物館

第146問 3rd

『トイ・ストーリー3』(2010)より

ロッツォ・ハグベアは
どんな匂いがする？

- ☐ チェリーの匂い
- ☐ リンゴの匂い
- ☐ トマトの匂い
- ☐ イチゴの匂い

答えと解説はP.100〜

東京ディズニーリゾート / ウォルト・ディズニーと歴史 / 長編アニメーション / その他 ディズニー雑学

第147問

3rd 『トイ・ストーリー4』(2019)より

ボー・ピープの3匹の羊の名前でないものは？

- ☐ ビリー
- ☐ ゴート
- ☐ グラフ
- ☐ ダッキー

第148問

3rd 『トイ・ストーリー』シリーズより

『トイ・ストーリー』シリーズのバズとザーグとの関係は、ある有名な映画のパロディ。その映画とは？

- ☐ 『スター・ウォーズ』シリーズ
- ☐ 『ジュラシック・パーク』シリーズ
- ☐ 『バック・トゥ・ザ・フューチャー』シリーズ
- ☐ 『スター・トレック』シリーズ

第149問

3rd 『バズ・ライトイヤー』(2022)より

スペース・レンジャーのバズの常套句「無限の彼方へ」に続く言葉は？

- ☐ 「さあ、行くぞ」
- ☐ 「カチャウ！」
- ☐ 「僕を信じろ」
- ☐ 「ありのままで」

第150問

3rd 『バズ・ライトイヤー』(2022)より

スペース・レンジャーのバズに贈られた猫のロボットの名前は？

- ☐ ソックス
- ☐ シューズ
- ☐ スリッパ
- ☐ サンダル

第151問

3rd 『バグズ・ライフ』(1998)より

アリのフリックたちがせっせと集めた食糧を奪っていくのは？

- ☐ スズメバチ
- ☐ ムカデ
- ☐ バッタ
- ☐ キリギリス

第152問

3rd 『モンスターズ・インク』(2001)より

モンスターズ・インクで、怖がらせ屋たちが働くフロアの名称は？

- ☐ 絶笑フロア
- ☐ 絶賛フロア
- ☐ 絶望フロア
- ☐ 絶叫フロア

第153問

3rd 『モンスターズ・ユニバーシティ』(2013)より

マイクは、モンスターズ・ユニバーシティの何学部に合格した？

- ☐ 怖がらせ学部
- ☐ 嫌がらせ学部
- ☐ 嬉しがらせ学部
- ☐ 悲しがらせ学部

答えと解説はP.101〜

第154問 **3rd** 『ファインディング・ニモ』(2003)より

魚ではないのは？

- ☐ マーリン
- ☐ ドリー
- ☐ ダーラ
- ☐ ギル

第155問 **3rd** 『ファインディング・ドリー』(2016)より

ナンヨウハギ、ドリーの性格は？

- ☐ けちんぼう
- ☐ きかんぼう
- ☐ わすれんぼう
- ☐ おこりんぼう

第156問 **3rd** 『Mr.インクレディブル』(2004)より

体をゴムのように自由自在に伸ばせるのは？

- ☐ ミセス・インクレディブル
- ☐ ミスター・インクレディブル
- ☐ ヴァイオレット
- ☐ ダッシュ

第157問 **3rd** 『インクレディブル・ファミリー』(2018)より

ミスター・インクレディブルたちが、通信会社CEOのウィンストンに頼まれたことは？

- ☐ スーパーヒーローの名誉回復
- ☐ 世界征服
- ☐ 会社の警備
- ☐ 選挙のビラ配り

第158問 **3rd** 『カーズ』(2006)より

ライトニング・マックィーンのボディにあるナンバーは？

- ☐ 66
- ☐ 07
- ☐ A113
- ☐ 95

第159問 **3rd** 『カーズ2』(2011)より

『カーズ2』には日本文化を表現したシーンが数多く登場。登場しないシーンは？

- ☐ 温泉
- ☐ トイレ
- ☐ ゲーム
- ☐ 相撲

東京ディズニーリゾート　ウォルト・ディズニーと歴史　長編アニメーション　その他　ディズニー雑学

Quiz

（左側縦書き）東京ディズニーリゾート｜ウォルト・ディズニーと歴史｜長編アニメーション｜その他 ディズニー雑学

第160問

3rd 『カーズ／クロスロード』(2017)より

ライトニング・マックィーンの
ライバル、チック・ヒックスは
どんな職業で復活した？

- [ ] テレビの解説者
- [ ] レーシングセンター
  の経営者
- [ ] スポーツトレーナー
- [ ] ユーチューバー

第161問

3rd 『レミーのおいしいレストラン』(2007)より

レミーが、レストラン「グストー」で
最初に作った料理は？

- [ ] ラタトゥーユ
- [ ] スープ
- [ ] オムレツ
- [ ] サラダ

第162問

3rd 『レミーのおいしいレストラン』(2007)より

スキナーが「グストー」の
ブランドで開発しようと
したメニューは？

- [ ] グストーの簡単中国料理
- [ ] グストーの簡単ラーメン
- [ ] グストーの簡単和食
- [ ] グストーの簡単ラタトゥーユ

第163問

3rd 『ウォーリー』(2008)より

作品に使われている
ノスタルジックな曲は？

- [ ] 「ベラ・ノッテ」
- [ ] 「日曜は晴れ着で」
- [ ] 「ライオンは寝ている」
- [ ] 「好きにならずに
  いられない」

第164問

3rd 『ウォーリー』(2008)より

イヴはどれ？

① 　②

③ 　④

第165問

3rd 『カールじいさんの空飛ぶ家』(2009)より

カールじいさんと
旅をすることになった
ラッセル少年は、何歳？

- [ ] 7歳
- [ ] 8歳
- [ ] 9歳
- [ ] 10歳

第166問 **3rd** 『メリダとおそろしの森』(2012)より

メリダは熊になったお母さんを、どうやって元の姿に戻した?

☐ 魔女が作ったケーキをお母さんに食べさせた
☐ 魔女が教えてくれた、呪いを解く呪文を唱えた
☐ お母さんの代わりに、自分が熊になると言った
☐ お母さんにタペストリーをかけ、愛を伝えた

第167問 **3rd** 『インサイド・ヘッド』(2015)より

作品に登場しないキャラクターは?

☐ イライラ
☐ ヨロコビ
☐ カナシミ
☐ ムカムカ

第168問 **3rd** 『アーロと少年』(2015)より

タイトルの"少年"の名前は?

☐ スポット
☐ スカット
☐ スラット
☐ スパッツ

第169問 **3rd** 『リメンバー・ミー』(2017)より

主人公ミゲルのひいおばあちゃんの名前は?

☐ ココ
☐ モモ
☐ キキ
☐ ババ

第170問 **3rd** 『リメンバー・ミー』(2017)より

フリーダ・カーロの吹替版の声優で、カメオ出演しているのは?

☐ 松雪泰子さん
☐ 八代亜紀さん
☐ 渡辺直美さん
☐ 近藤春菜さん（ハリセンボン）

第171問 **3rd** 『2分の1の魔法』(2020)より

主人公イアンは、なんの種族?

☐ ケンタウロス
☐ エルフ
☐ ドラゴン
☐ マンティコア

東京ディズニーリゾート／ウォルト・ディズニーと歴史／長編アニメーション／その他 ディズニー雑学

🎓 答えと解説はP.104〜

第172問 **3rd** 『2分の1の魔法』(2020)より

イアンが16歳の誕生日にお母さんから渡されたものは？

- ☐ グウィネヴィア号
- ☐ ドラゴンの石
- ☐ 魔法の杖
- ☐ 電化製品

第173問 **3rd** 『ソウルフル・ワールド』(2020)より

ジョーの得意な楽器は？

- ☐ ドラム
- ☐ ベース
- ☐ ピアノ
- ☐ サックス

第174問 **3rd** 『ソウルフル・ワールド』(2020)より

このソウルは、なんと呼ばれている？

- ☐ 22番　☐ 22号
- ☐ 22軍　☐ 22円

第175問 **3rd** 『あの夏のルカ』(2021)より

このなかで"人間"は誰？

- ☐ ジュリア
- ☐ ルカ
- ☐ アルベルト
- ☐ マキャヴェリ

第176問  **3rd** 『あの夏のルカ』(2021)より

シー・モンスターはどうすると人間の姿になる？

- ☐ 皮膚を乾かす
- ☐ ジェラートを食べる
- ☐ キスをする
- ☐ 魔法を使う

第177問 **3rd** 『私ときどきレッサーパンダ』(2022)より

メイリンは、どんなときにレッサーパンダに変身する？

- ☐ 感情がコントロールできないとき
- ☐ 中華まんを食べたとき
- ☐ 満月を見たとき
- ☐ 歌を歌ったとき

第178問 **3rd** 『私ときどきレッサーパンダ』(2022)より

メイリンと友だちグループが夢中になっているアイドルグループは？

- ☐ 4♡TOWN　　☐ 4★TOWN
- ☐ 4■TOWN　　☐ 4●TOWN

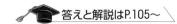 答えと解説はP.105〜

その他 ディズニー雑学

その他 ディズニー雑学マーク凡例

 アニメーション
中編アニメーションやテレビシリーズ

ウォルト・ディズニー・アーカイブス
ディズニーの歴史的資料や貴重なアイテムを保管している
アメリカの施設

ディズニーストア
ディズニー商品の専門店

音楽
ディズニーに欠かせない音楽

第179問

 『ちいさなプリンセス ソフィア』(2012)より

ソフィアが暮らしている王国の名前は？

- ☐ エンチャンシア
- ☐ アンチャンシア
- ☐ インチャンシア
- ☐ ウンチャンシア

第180問

 『ミッキーのクリスマスキャロル』(1983)より

ミッキーが演じているのは？

- ☐ ジェイコブ・マーレイ
- ☐ フレッド
- ☐ ティム・クラチット
- ☐ ボブ・クラチット

第181問

 『白雪姫』に登場するこびとのなかでドーピーがしゃべらないのはなぜ？

- ☐ ぴったりの声優が
　見つからなかったから
- ☐ 魔法をかけられているから
- ☐ 原作にはいない7人目のこびとだから
- ☐ 監督が忘れたため

第182問

 アメリカから日本へ上陸したディズニーストア。1号店の横浜・本牧店がオープンした年は？

- ☐ 1987年　　☐ 1992年
- ☐ 1997年　　☐ 2002年

第183問

ミッキーたちが学校の宿題で作ったクマのぬいぐるみ「ユニベアシティ」。誕生のきっかけとなった、この宿題を出したドナルドの親戚の教授は？

- ☐ ルードヴィッグ（ルードヴィヒ）・ヴォン（フォン）・ドレイク
- ☐ クックモア・ダック
- ☐ ガス・グース
- ☐ スクルージ・マクダック

第184問

 お城をモチーフにした外観が目をひく、ディズニーストア渋谷公園通り店。ファンタジーあふれる店内、1階のデザインテーマとなっているのは？

- ☐ ファンタジアの中庭
- ☐ 宮殿のボールルーム
- ☐ ウェンディのお部屋
- ☐ 妖精のフラワーガーデン

第185問

 人気のグッズ、ミッキーのイヤーハットが登場したきっかけは？

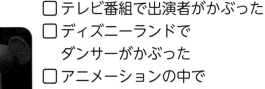

- ☐ テレビ番組で出演者がかぶった
- ☐ ディズニーランドでダンサーがかぶった
- ☐ アニメーションの中でミッキーがかぶった
- ☐ ミッキーのファンが作った

答えと解説は P.107〜

第186問

ディズニーの歴史的資料や貴重なアイテムを収集、保存するウォルト・ディズニー・アーカイブスに保存されている、ウォルト・ディズニーの写真の枚数は？

☐ 約90枚　　☐ 約900枚
☐ 約9000枚　☐ 約90000枚

第187問

世界のディズニーパークのアトラクションで、構想からオープンまでいちばん時間がかかったものは？

☐ ①ジャングルクルーズ
☐ ②スペース・マウンテン
☐ ③カリブの海賊
☐ ④ホーンテッドマンション

第188問

スーベニアメダル・マシンがディズニーパークに最初に登場したのは？

☐ 1955年　☐ 1983年
☐ 1987年　☐ 1999年

第189問

『ファンタジア』で魔法使いの弟子を演じているのはミッキーですが、ミッキーに決まる前に、この役の候補に挙がっていたキャラクターとは？

☐ ドナルドダック
☐ ミニーマウス
☐ ドーピー（『白雪姫』）
☐ ジミニー・クリケット（『ピノキオ』）

第190問

ディズニーミュージカルが初めてブロードウェイに登場したのはいつ？

☐ 1974年　☐ 1984年
☐ 1994年　☐ 2004年

第191問

『アナと雪の女王』の音楽家ロペス夫妻。妻のクリステンは、なんの声優経験がある？

☐ 『くまのプーさん』のカンガ
☐ 『アナと雪の女王』のオラフ
☐ 『ズートピア』のフルー・フルー
☐ 『プリンセスと魔法のキス』のシャーロット

第192問

作曲家のアラン・メンケン。彼が作った曲のなかで、映画音楽ではないナンバーは？

☐ 「ホール・ニュー・ワールド」
☐ 「キス・ザ・ガール」
☐ 「コンパス・オブ・ユア・ハート」
☐ 「カラー・オブ・ザ・ウィンド」

第193問

アカデミー賞常連作曲家のアラン・メンケン。彼の作曲ではないナンバーは？

☐ ①「ホール・ニュー・ワールド」
☐ ②「レット・イット・ゴー〜ありのままで〜」
☐ ③「カラー・オブ・ザ・ウィンド」
☐ ④「キス・ザ・ガール」

答えと解説はP.108〜

Disney FAN Challenge

Answer

あなたは何問正解できたかな？
「ディズニーファン・チャレンジ」の
答えと照らしあわせてみて！
長編アニメーションのストーリー説明なども
交えながら、解説します。

東京ディズニーリゾート

『　』はディズニー映画またはディズニー・ピクサー映画のタイトルです。

東京ディズニーランド編

Tokyo Disneyland

第1問

「スイスファミリー・ツリーハウス」より

答え **トラのうなり声**

ここは、『スイスファミリー・ロビンソン』(1960)に登場した、大きな木の家を再現したアトラクション。爪痕がついた落とし穴の底からはトラのうなり声が聞こえてきます。木の家の中にはリビングルーム(写真①)やキッチン(写真②)などがあり、南海の無人島に漂着したロビンソン一家が作った快適な生活の様子が垣間見られます。また、頂上にある見張り台は、パークが一望できる絶好のフォトスポット!

第2問

「ジャングルクルーズ：ワイルドライフ・エクスペディション」より

答え **炎の中を通る**

船長が操縦するボートに乗って、ジャングルの中を探険するアトラクション。危険なシーンにも多々遭遇しますが炎の中を通ることはなく、滝の裏側や謎に包まれた神殿を通り抜けるなど、神秘的な光景を目にします。また、ボートの中に飾られた、ゾウやサル、トラがデザインされたおまもり(写真①)に注目。これはジャングルのセールスマン・サム(写真②)が売っているんですよ。

第3問

「魅惑のチキルーム：スティッチ・プレゼンツ "アロハ・エ・コモ・マイ!"」より

答え **マヒナ**

スティッチといっしょにすてきなハワイアンソングを披露してくれるもう1羽の鳥の名前はマヒナ。ハワイ語で "月" という意味を持ち、羽の色はピンク、4羽の中で唯一のメスです。ほかの3羽は、みんなのリーダー的存在で、虹色の羽を持ったハウオリ(ハワイ語で "幸せ")、ブルーの羽のちょっぴり臆病なマヌ(ハワイ語で "鳥")、あざやかなグリーンの羽はワハヌイ(ハワイ語で "おしゃべりな口")。個性あふれる鳥たちの性格を知っていると、彼らの会話がさらに楽しく感じられるはず!

第4問

「ウエスタンリバー鉄道」より

答え **大きな川**

蒸気機関車にはそれぞれ4つの大きな川の名前がつけられています。その名も "ミシシッピ号"(写真①)"コロラド号""リオ・グランデ号""ミズーリ号"。ゲストは本物の蒸気機関車に乗って、アメリカ河やスプラッシュ・マウンテンなど、美しい景色を楽しむことができます。途中、列車は木造の駅 "スティルウォーター・ジャンクション"(写真②)前を通過。ここは西部の開拓者たちが、列車や馬車に乗り換えるために使っている中間駅。ゲストは下車することはできませんが、一攫千金を夢見た開拓者たちの気配が感じられるスポットです。

第5問

「カントリーベア・シアター」より

答え **ハチの巣**

見上げてびっくり!　大きなハチの巣(写真①)を発見。羽音もして、今にもハチが飛んできそうです。「カントリーベア・シアター」には、この場所以外にもハチがいるって知っていましたか?　ステージでピアノを弾くクマのゴーマーの前に、ストローがささったハチミツドリンク(写真②)が!　その近くではハチが飛んでいます。このほか、パークで見られるハチといえば「プーさんのハニーハント」。ハチミツを狙うズオウがハチに変身していたり、飛び跳ねすぎて、頭をハチの巣に突っ込んでしまったティガーの姿もあります。

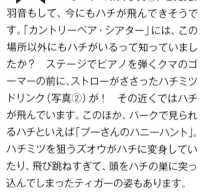
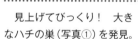

第6問 「ミッキーのフィルハーマジック」より

答え ジャスミン

ミッキーが指揮する演奏会の準備中にハプニングが起き、ドナルドは魔法の帽子を探しにディズニー映画の世界へ。さまざまな映画のシーンでキャラクターに遭遇

しますが、ジャスミン（写真①）がドナルドにやさしく帽子をかぶせてくれました（これで一件落着はしませんでしたが……）。演奏会が始まるまでは、上映される演目がモチーフになった、ロビーのディスプレイを楽しみましょう。『アラジン』（1992）の魔法のランプからは煙（写真②）が出ていますよ。『美女と野獣』（1991）のルミエールのコスチュームや、『ピーター・パン』（1953）のティンカーベルの姿もチェックしてみて。

第7問 「ホーンテッドマンション」より

答え ガイコツ

999人のゴーストが住む「ホーンテッドマンション」。ゲストが最初に通される部屋の暖炉の上にある肖像画をじっと見つめていると、なんとその姿がガイコツ（写真①）に……。この館には、チェックしたいポイントがいっぱい！　荒れ果てた庭に、猫や犬、アヒル、ブタなどたく

さんの動物たちのお墓があったり、屋敷の出口にある墓碑銘を見ると "I.M.Mortal(Immortal)＝死なない、不死身" といった言葉遊びになっていたり。

ちなみに、この館にたった1人だけ "人間" が存在するって知っていましたか？　それが、館から墓地に出るところで犬と歩いている男性（写真②）。お墓の管理者なのかもしれませんね。

第8問 「美女と野獣"魔法のものがたり"」より

答え ポット夫人とチップ

この「朝食部屋」は、『美女と野獣』（1991）で、ベルと野獣がいっしょに食事をしていた部屋がモチーフになったもの。テーブルの上にはポット夫人とチップの姿（写真①）があります。チップはときどき動くので、その瞬間もお見逃しなく！　また、野獣の城の中では、映画ファンがワクワクするようなシーンがあちこちで見られ

ます。ダイニングルームのテーブルに置かれた緑色のゼリーにコグスワースが頭から突っ込んでいたり（写真②）、鍵置き場から "西の塔" と書かれた場所の鍵だけがはずされ、野獣の爪痕だけが残されているなんてことも！

第9問 「ミニーの家」より

答え ミッキーシェイプの大きな鏡台

ミニーが愛用しているのはミッキーシェイプではなく、ハート形の鏡台（写真①）。トゥーンタウンにある「ミニーの家」はリビングルーム、ドレッシングルーム、キッチンの3つの部屋があります。そこにはミニーらしい、ユ

ニークなマシンや、すてきなコスメ、生活用品がずらり！　おしゃれなミニーのファッションを考えてくれるコーディネイトマシン（写真②）やドレッサーの前に並ぶ数種類の香水、チーズなどたくさんの食材が入った冷蔵庫など、ミニーの快適で楽しい暮らしぶりがわかります。

第10問 「モンスターズ・インク"ライド＆ゴーシーク！"」より

答え ロズ

セキュリティトラムに乗って『モンスターズ・インク』（2001）のキャラクターといっしょに "フラッシュライトかくれんぼゲーム" を楽しみましょう！　ゲーム終了後にはロズ（写真①）がゲストに話しかけてきますが、その内容にびっくり！　どんなサプライズがあるか

は、アトラクションを体験してからのお楽しみ。ライドに乗っていると一瞬なので、なかなかしっかり見られませんが、ハリーハウゼン・レストランのユニークなメニューはぜひチェックして。目玉が添えられた日本蕎麦（写真②）や、目玉入りの軍艦巻きなど、ゆかいな料理ばかり。

第11問 「センターストリート・コーヒーハウス」より

答え 『おしゃれキャット』

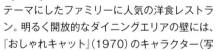

ワールドバザール内にあるこのお店は、20世紀初頭のアメリカをテーマにしたファミリーに人気の洋食レストラン。明るく開放的なダイニングエリアの壁には、『おしゃれキャット』（1970）のキャラクター（写真①）たちがあちこちに描かれています。マリーやベリオーズ、トゥ

ルーズが歌に合わせて踊っているシルエットも！　ベイマックスをモチーフにしたカレープレート（写真②）や、チョコレートで作られたミッキーシェイプのピックが

第12問

「クイーン・オブ・ハートのバンケットホール」より

答え ティーポット

『ふしぎの国のアリス』(1951)のお茶会にちなみ、キュートなティーポットの形(写真①)をしています。パーク内にあるペットボトル飲料販売機は、このほかにもユニークなデザインのものがいっぱい。東京ディズニーランドでは、トゥーンタウンのグーフィーのガスステーション横にもあり、給油スタンドをモチーフにしたデザイン。また「スペース・マウンテン」の軒下には、近未来ならではのロボット形(写真②)も。東京ディズニーシーのロストリバーデルタ、「ミッキー＆フレンズ・グリーティングトレイル」横にあるものは、遺跡発掘現場から出土したようなデザインです。

第13問

「パン・ギャラクティック・ピザ・ポート」より

答え ユーモラスな宇宙人

ここは銀河系にあるピザチェーンの太陽系第1号店。店長のトニー・ソラローニは、ユーモラスな宇宙人です。トニー・ソラローニ自ら、全自動ピザ製造マシンPZ-5000を操作し、たくさんのピザを作っています。カウンターの頭上にある巨大モニターには、お店のコマーシャルやピザを作っているシーンが流れ(写真①)、その近くではチーズを次々と運んでいく、ピザ製造マシンの様子も見られます。ちなみに、トニー・ソラローニ店長にはかわいい尻尾(写真②)が！うしろを向いた瞬間、チェックしてみて。

第14問

「ハングリーベア・レストラン」より

答え 消防署

"腹ぺこくまさん"の名前がつけられたカレーの専門店。ダイニングは西部の街をイメージした留置場、理髪店、酒場、そして保安官事務所になっており、消防署はありません。西部の人でにぎわった酒場やテラス席もある理髪店(写真①)、壁に指名手配犯の張り紙が貼られた保安官事務所のほか、留置場(写真②)は、なんと鉄格子に囲まれています！西部の雰囲気を満喫しながら、好きなダイニングエリアで食事ができますよ。

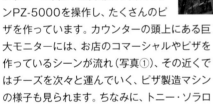

第15問

「ビッグポップ」より

答え ベイマックス

ここは、宇宙をテーマにした東京ディズニーリゾート初のポップコーン専門店。銀河を彩る星座が描かれた天井画にはベイマックスの星座(写真①)が現れます。ベイマックスの星座は現れたり、消えたりするので、もしも見ることができたらとってもラッキー！また、宇宙の初めの大爆発とされるビッグバンを表現した、ポップコーンのシャンデリア(写真②)にも注目してください。

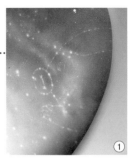

第16問

「ハーモニーフェア」より

答え ミッキーマウス・マーチ

楽譜の曲は「ミッキーマウス・マーチ」(写真①)。このお店はアトラクション「ミッキーのフィルハーマジック」に隣接しています。アトラクションで、ドナルドが巻き起こすハプニングを体験したあとは、音楽がモチーフになったこのお店でショッピングを楽しみましょう。天井にはアトラクションに登場した、魔法の帽子(写真②)も飾られています。

第17問

「トイ・ステーション」より

答え ロケット

プルートはロケット(写真①)に乗っています。遊び心いっぱいのディスプレイは、オモチャの専門店ならでは！パークのショップではこのほかにも、お店のストーリーに合った、楽しいディスプレイ

があちこちで見つけられます。お菓子の専門店「ワールドバザール・コンフェクショナリー」には、キャンディケーンを持ったミッキー(写真②)が。さらにミッキーの洋服をよく見ると、なんとそれもお菓子でできています。また「プラネットM」のプロップスにも注目。ミニーといっしょにドライブしていたミッキーが、エイリアンと握手している姿(写真③)も。近未来の世界にあるショップならではの飾りです。

第18問

答え グランドエンポーリアム

以前、ミッキーがオーナーを務めるこのお店は「エンポーリアム」という名の雑貨屋でしたが、隣接するお店が引っ越したり、閉店したりで、店舗を拡張、今のお店「グランドエンポーリアム」を作ったのです。ショーウィンドウには、グランドオープンしたときの記事（写真①）が！　また、ミッキーが仲間たちと助け合って、オープニングの準備をする様子もディスプレイ（写真②）されています。

第19問

答え 5枚

シンデレラ城の1階通路には縦約4.6m×横約3mのアーチ状のモザイク壁画が5枚飾られています。これらは『シンデレラ』(1950)の名シーンを約120色、10万個以上といわれるヴェネツィアンガラスで描いたアート作品。ちなみに、シンデレラがガラスの靴をはくシーンに描かれているお城からの使者は、ウォルト・ディズニーといっしょにディズニーランドを作ったジョン・ヘンチと、その完成予想図を描いたハーブ・ライマンの姿です。

第20問

答え 開園15周年

「パートナーズ」は、ウォルト・ディズニー・カンパニーから、東京ディズニーランド開園15周年を記念して贈られました。設置場所はワールドバザールを抜けた場所にあるプラザテラス。また、東京ディズニーランド開園25周年のときには、ワールドバザールの入り口に、ウォルト・ディズニーの兄である、ロイ・ディズニーとミニーの像（写真①）が登場。東京ディズニーリゾート30周年のときには、東京ディズニーシーのエントランスに、ウォルト・ディズニーとミッキーの像（写真②）が設置されました。この像は、わずかなお金と荷物を持ってロサンゼルスにやってきた、若き日のウォルト・ディズニーをイメージしたもの。靴の裏には、ウォルト・ディズニーが幼い頃に過ごした街「マーセリーン」の文字が！

第21問

答え 6頭

ディズニー映画のワンシーンが広がる、夢いっぱいの東京ディズニーランドのデイタイムパレード。出演者数約160名のオープニングを飾ったのは、6頭（写真①）のペガサスがひく馬車に乗ったミニーです。華やかなピンク色のドレス姿のミニーがかわいいと話題に。そしてフィナーレを飾ったのは、ミッキーたちが乗った、25周年のロゴつきのフロート（写真②）。同じフロートに乗っていたティンカーベルは、なんと高さ約8mの場所からゲストに手を振っていました。

第22問

「ファンタジーランド・フォレストシアター」より

答え リス

シアターの外に落ちているドングリの先には、かわいいリスの姿（写真①）があります。木々に囲まれ、森をイメージした「ファンタジーランド・フォレストシアター」の中には、ほかにも動物にちなんだ装飾が見られます。階段の横には、ディズニー映画に登場する森の動物たちが描かれたタペストリーが掛かっていたり、階段下には、劇場や演劇の象徴とされる、喜劇と悲劇の仮面をリスが抱えている装飾（写真②）もあります。

第23問

答え スモールワールド・レストラン

ファンタジーランドにあった「スモールワールド・レストラン」。バフェテリア形式のレストランとしては当時最大の席数を誇っていました。中華、アメリカン、フレンチ、和風と、さまざまなジャンルの料理が食べられたことも人気があった理由です。ミッキーのパンケーキを食べることができたディズニー キャラクターブレックファストも開催され、小さな話題を呼びました。

第24問

答え ワンマンズ・ドリーム

"ワンマン"とは、ウォルト・ディズニーのこと。彼が作り出した作品の数々を表現したミュージカルショーです。東京ディズニーランド開園5周年を記念して、トゥモローランドの「ショーベース2000」で開催されていました。海賊との闘いのあと、思いもかけないタイミングで舞い上がるピーターパンとウェンディの姿（写真①）に、またシンデレラとプリンス・チャーミング、白雪姫とプリンス、オーロラ姫とフィリップ王子の優雅で美しいダンス（写真②）に、客席からは歓声や感嘆のため息があがりました。

東京ディズニーシー編

Tokyo Disney Sea

第25問

「ソアリン：ファンタスティック・フライト」より

答え ハヤブサ

空を飛ぶという人類の夢を称える特別な博物館、ファンタスティック・フライト・ミュージアム。ここでは、2代目館長だった、カメリア・ファルコの生誕100周年をお祝いする特別展が開催されています。彼女は飛行の研究に情熱を注ぎ、やがて仲間とともに空飛ぶ乗り物、ドリームフライヤーを開発しました。カメリア・ファルコが愛したハヤブサのアレッタ（写真①）は、像としても展示してあります。館内には、1815年のオープン時のテープカットの様子（写真②）や、カメリア・ファルコの幼少期の絵画なども飾られています。

第26問

「ディズニーシー・トランジットスチーマーライン」より

答え 5色

東京ディズニーシーの海を優雅に航行する小型蒸気船のカラーは5色。赤（写真①）、黄、緑、青、水色と、どれも風景にマッチしたカラーばかり。船の中には、蒸気船が活躍していた当時の旅行者のバッグや、蒸気船の原動力となる石炭ボイラー（写真②）が置かれています。また、船には"マルコ・ポーロ"など、それぞれ冒険家の名前が！

第27問

「フォートレス・エクスプロレーション」より

答え ルネサンス号

要塞の前に停泊しているのは大航海時代の帆船ルネサンス号です。船内には、豪華なデスクが置かれた船長室（写真①）や船員用のベッド、調理室、貨物倉庫など、当時の船員たちの暮らしぶりがわかるものがいっぱい。甲板には、導火線を引っ張ると大きな音が響き渡る大砲（写真②）も備えつけられています。船内も甲板も自由に散策できるので、船乗りになった気分で楽しみましょう。

第28問

「タワー・オブ・テラー」より

答え 大晦日

大晦日に忽然と姿を消した、大富豪のハリソン・ハイタワー三世。彼は、世界中を旅する探険家であり、熱狂的な収集家でもありました。珍しいものを手に入れるためならば、ときには強奪することも！　1899年アフリカのコンゴ川流域で、ムトゥンドゥ族から呪いの偶像といわれるシリキ・ウトゥンドゥ（現地の言葉で"災いを信じよ"の意味）を手に入れたのですが、「シリキ・ウトゥンドゥに無礼な態度はとってはならない」という教えを破ってしまったのです。そして同じ年の12月31日、ハリソン・ハイタワー三世は絶叫とともに、突然エレベーターの中で消えたのです。

第29問

「トイ・ストーリー・マニア！」より

答え シューター

『トイ・ストーリー』（1995）の世界でシューティングゲームを楽しむアトラクション。シューター（写真①）は上下左右に動かすことができます。ヒモを引っ張ると、目には見えない弾が飛び出すので、しっかりと的に狙いを定めましょう。「グリーンアーミーメン・シュートキャンプ」（写真②）では、お皿が的になりますが、ヘリコプターや船が高得点のお皿を運んでいることも。最後には、スコアとランキングが発表され、ベストスコア（1時間以内、今日、今月）もわかります。

第30問

「ニモ&フレンズ・シーライダー」より

答え **チヂミニウム**

海洋生物研究所が開発した、電気を流すと収縮する物質はチヂミニウム。ゲストは魚サイズに縮んだ潜水艇「シーライダー」に乗って、『ファインディング・ニモ』シリーズのキャラクターが待つ、海の世界を冒険します（写真①）。体験するたびに行く場所も、出会うキャラクターもさまざまなので、毎回ワクワク！　キャビンに入ったら前部の窓の外の風景だけでなく、上部の窓の外にも注目しましょう。また、アトラクションの外には、ニモたちの銅像や魚の群れのオブジェ（写真②）などもあるのでそちらもチェックしてほしい。

第31問

「インディ・ジョーンズ®・アドベンチャー：クリスタルスカルの魔宮」より

答え **ジャガー**

"若さの泉"を探しに、魔宮ツアーに参加したゲストを乗せたオフロード車が、クリスタルスカルの怒りをかい、大暴走！　次々と恐ろしいハプニングが起こりますが、ジャガーには遭遇しませんでした。古代神殿の暗闇の中、オフロード車のライトが当たると、そこにはクモやサソリ、ムカデなど虫の大群が！　また、伝説の大蛇（写真①）がゲストを飲みこもうと襲ってきます。大蛇の目がオレンジから赤になったら怒り出したシグナルなので注意！　さらにクリスタルスカルの像からは大きな炎の息（写真②）が放たれますよ！

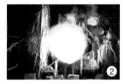

第32問

「シンドバッド・ストーリーブック・ヴォヤッジ」より

答え **人魚**

シンドバッドが子トラのチャンドゥとともに"最高の宝物"を探す航海に出るというアトラクションです。旅の途中、盗賊や凶暴なサルに遭遇するなど、ハプニングがたくさん起こりますが、嵐からシンドバッドたちを助けてくれたのは人魚（写真①）でした。ルク鳥と巨人はシンドバッドが助けた相手で、くじら（写真②）はシンドバッドが故郷に帰るときに背中に乗せてくれました。

第33問

「アリエルのプレイグラウンド」より

答え **サメの強襲**

傾く沈没船、ガリオン・グレイヴヤードで見られるのはサメの強襲（写真①）です。恐ろしい顔をしたサメが、ゲストの目の前に近づいてきます。「アリエルのプレイグラウンド」は『リトル・マーメイド』（1989）がモチーフになったエリア。アリエルが人間の世界から集めた宝物が飾られている「アリエルのグロット」には、『美女と野獣』（1991）のチップ（写真②）やセバスチャン（写真③）もいるので、あちこちよ〜く探してみましょう！

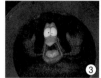

第34問

「海底2万マイル」より

答え **イカ**

小型潜水艇に乗って深海の世界を探険中、巨大イカ（写真①）の攻撃に遭遇。小型潜水艇は、さらに暗い海の底へと沈んでいき、太古に失われた文明の遺跡へたどりつきます。そして海底人!?が現れ、まるでゲストを誘導するかのように手を出すシーン（写真②）も。小型潜水艇を発明した天才科学者ネモ船長の書斎（写真③）も、このアトラクション内で見ることができます。彼は人々の役に立つことをしようと、日夜研究に没頭していました。ちなみに壁に掛けられたカレンダーは「1873年」と書かれています。さらに、ネモ船長の肖像画を見ることができるのは、パークの中でもここだけ！

第35問

「ビッグバンドビート〜ア・スペシャルトリート〜」より

答え **ピアノ**

ミッキーが仲間たちやダンサーたちと繰り広げる、スウィングジャズのレビューショー。ミッキーは迫力満点のドラム演奏のほか、ピアノも弾いてくれます。ミニーとも息がぴったり！　ステージにはデイジーやグーフィーも登場。キャラクターたちのゴージャスなステージ衣装にも注目です。また、公演場所である「ブロードウェイ・ミュージックシアター」は20世紀初頭のニューヨークの街並みにマッチした、重厚な石造りの建物です。

Answer

第36問

「ビリーヴ！～シー・オブ・ドリームス～」より

答え **モアナ**

「ビリーヴ！～シー・オブ・ドリームス～」は、たくさんのディズニーキャラクターが出演する、ナイトタイムエンターテイメント。フィナーレのシーンで、プルートと同じ船に乗っているのはモアナ（写真①）です。メディテレーニアンハーバーで繰り広げられる壮大な水上ショーは、船のダイナミックな動き、華やかなサーチライトやパイロ、圧巻のプロジェクションマッピングなど、豪華な演出で見どころ満載！　さらにプロメテウス火山（写真②）や、東京ディズニーシー・ホテルミラコスタの外壁（写真③）にも映像が投影されるので、ショーのあいだは一瞬たりとも目が離せません。また、最後に流れる日本語版のテーマソング「君の願いが世界を輝かす」を歌うのは、アーティストのMISIAさんです。

第37問

答え **ザンビーニ・ブラザーズ・リストランテ**

「ザンビーニ・ブラザーズ・リストランテ」を経営するザンビーニ家は、先祖代々、ワインとオリーブオイルを作り続けてきた家柄。そしてその末裔にあたる、ザンビーニ家の3兄弟、プリモ、アントニオ、エンリコ（写真①）は、ワイナリーをイタリアンレストランへと改装しました。お店の中には、ワイナリーの名残があちこちに。巨大なワイン樽やブドウの圧搾機など、ワイン造りには欠かせない道具を見ることができます。また、メディテレーニアンハーバーの「ディズニーシー・トランジットスチーマーライン」の船着き場は、ザンビーニ兄弟の倉庫（写真②）になっており、ワインの瓶や樽がたくさん置かれています。

第38問

答え **レストラン櫻**

「レストラン櫻」は、20世紀初頭のニューヨークの波止場にある、チャーリー・タナカがオーナーの和食店（写真①）です。19世紀後半に日本から移住してきたタナカ家。漁師だった彼は、アメリカの友人たちから"チャーリー"という愛称で呼ばれていました。やがて彼は「リバティ・フィッシュマーケット」を手に入れ、日本人移民たちのために和食レストランへと改装したのです。レジカウンター近くには、ニューヨーク州水産局発行の営業許可証が。所有者の欄には、チャーリー・タナカのサインも見られます。また、ダイニングエリアには、漁船乗組員の求人募集（写真②）や、獲れた魚の名前と値段などが書かれた黒板など、フィッシュマーケットの名残があちこちで見られます。

第39問

「テディ・ルーズヴェルト・ラウンジ」より

答え **暖炉**

S.S.コロンビア号の2階デッキにある重厚なムードが漂うバーラウンジには、暖炉（写真①）があります。店名はアメリカ合衆国第26代大統領、セオドア・ルーズヴェルト（愛称テディ）からつけられ、ラウンジの中では、彼にまつわるさまざまな品を見ることができます。ソファ席の前にある暖炉の上には、ルーズヴェルトの肖像画も。そのほか、冒険家でもあったルーズヴェルトの資料や、彼の有名な活動を描いた9枚の絵画（写真②）が飾られています。

第40問

「ホライズンベイ・レストラン」より

答え **潜水艇**

未来のヨットクラブを改装して作られたレストラン。入ってすぐ、頭上には潜水艇（写真①）が！　これは毎年行われている海底グランプリで優勝した、マンボウ形の潜水艇です。レストランの中では、気象観測装置と思われる展示品や、アメリカ4都市の近未来の光景を描いたポスター（写真②）など、ふしぎな装飾品を見ることができます。

第41問 「ユカタン・ベースキャンプ・グリル」より

答え 遺跡

1930年代の中央アメリカ。ここは遺跡の発掘調査をする、考古学者のためのベースキャンプをイメージしたレストランです。お店の入り口へは発掘現場を通っていきます。壁画に囲まれ、屋根がテント張りになったテラス席（写真①）は、ベースキャンプ感満載！店内の天井近くには、無造作に置かれた考古学者たちの作業道具があったり、自炊者のための炊事場の跡（写真②）が見られるなど、ここで食事をしていると、当時の考古学者たちの気配が感じられそうです。

第42問 「エンポーリオ」より

答え 夜空

イタリア語で「百貨店」を意味する「エンポーリオ」。その名の通り、東京ディズニーシー内最大の広さと、グッズの数を誇るお店の天井は夜空（写真①）のデザインです。このお店の内装は、『ファンタジア』（1940）の「交響曲第6番　田園」をイメージ。雲がかかった夜空には星が光っており、映画の世界観にたっぷりと浸ることができます。また、入り口近くの壁には、半人半馬のカップル、メリンダとブラダスの絵（写真②）も。さらに、レジカウンターの奥の絵画には酒神、バッカスが描かれています。

第43問 「ヴァレンティーナズ・スウィート」より

答え 8枚

聖バレンタインの日にちなんだお菓子の専門店にはミッキー＆ミニー、ドナルド＆デイジーなど、8枚のディズニーカップルの絵画が飾られています。お店の中央には、オーロラ姫とフィリップ王子がダンスをしているブロンズ像（写真①）も。また天井付近には『白雪姫』（1937）と『シンデレラ』（1950）に登場した動物たちの絵が描かれていたり、キューピッドの姿をしたヒューイ、デューイ、ルーイの照明（写真②）があったり。このお店では毎日が愛にあふれるバレンタインデーです！

第44問 「ノーチラスギフト」より

答え 潜水服

「ノーチラスギフト」は、世界中の海を探険した潜水艦ノーチラス号の修理施設を改装して作られたショップ。その名残で、お店の中には、ネモ船長のクルーがかつて使っていた潜水服（写真①）が飾られています。深海用なので、かなりの重装備！このほかにも、船の部品や修理道具などを見ることができます（写真②）。そして今は、かつて秘密とされたミステリアスアイランドを訪れた、ネモ船長の招待客の記念になるものを扱うショップとなったのです。

第45問

答え 星座のシンボルマーク

東京ディズニーシーのエントランスを抜けた先のディズニーシー・プラザにあるのが、激しい水しぶきを上げながらゆっくりと回る「ディズニーシー・アクアスフィア」。これは水の惑星、地球を表しており、高さは約10m、直径約8m、重さは約2.5tもあります。「ディズニーシー・アクアスフィア」の周りには、星座のシンボルマークがデザインされたマンホール（写真①）や、月の満ち欠けが描かれた8つの円（写真②）があります。ちなみにディズニーシー・プラザに流れている音楽は昼と夜で変わっています。昼はオーケストラ、夜はゆったりとしたシンセサイザーの演奏になります。

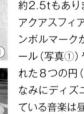

第46問

答え 削岩機

プロメテウス火山の中には天才科学者ネモ船長の秘密基地があり、日々、地底と海底世界についての研究が進められています。プロメテウス火山の中腹付近では、ネモ船長の指示で削岩機を使い、山が掘り進められている様子。アトラクション「センター・オブ・ジ・アース」からは、削岩機の先端（写真①）部分を見ることができます。プロメテウス火山の高さは約51m。活火山のため、絶えず地鳴りがし、そしてときおり噴火も。山の表面は地層が剥き出しで、流れ出た溶岩は固まり、水蒸気が上がっています。また、落石も頻繁に起こるようで、周囲には落石防止ネット（写真②）があります。

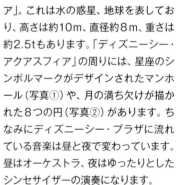

第47問　答え ゴールド

フィナーレのシーンでミッキーがつけていたマスクの色はゴールド。2009年秋、東京ディズニーシーで初めての「ディズニー・ハロウィーン」が開催されました。テーマは「異国情緒あふれるハロウィーン」。ウォーターフロントパークの特設ステージではメインショーである「ミステリアス・マスカレード」を公演。妖しげな雰囲気のなかマスカレードパーティーが始まりました。

第48問　答え ジュリエット・コレクション＆トレジャー

「ジュリエット・コレクション＆トレジャー」は、シェイクスピアの名作「ロミオとジュリエット」に登場する、ジュリエットの庭園を思わせる造りのショップ。天井には、満月の夜、バルコニーから見下ろすジュリエットの姿（写真①）が。この絵は、隣接していた「ロミオ・ウォッチ＆ジュエリー」（2001年〜2012年）の奥の壁に描かれたロミオの絵（写真②）と対になっていました。

第49問　答え キャプテン・デイビス

お調子者の彼の名はキャプテン・デイビス。ゲストはストームライダー（飛行型気象観測ラボ）に乗って、ストームを消滅させるミッションに参加。途中、アクシデントが発生し、司令室から帰還命令が出たにもかかわらず、キャプテン・デイビスがそれを無視。結果、機体に穴があいて雨が吹き込んだり（写真①）、激しく揺れたり、墜落の危機に陥って大ピンチ！ ちなみに、問題編の写真で乗船準備するキャプテン・デイビス（左）の横にいたのは、ストームライダー1のパイロット、キャプテン・スコットでした。順調に飛行を続けていたときには窓の外に、未来の都市が見えていたこと（写真②）、気づいていましたか？

第50問　答え 4つ

1つめは、フローズンキングダム【『アナと雪の女王』（2013）をテーマとしたエリア／写真①】に「アナとエルサのフローズンジャーニー」が誕生。ボートに乗って、壮大で心温まる姉妹の物語を、映画の名曲とともに楽しめます。2つめは、ピーターパンのネバーランド【『ピーター・パン』（1953）をテーマとしたエリア／写真②】に、ピーターパンたちとともに、フック船長と海賊たちからジョンを救出する「ピーターパンのネバーランドアドベンチャー」が登場。また、3つめは、同じエリアにある「ピクシー・ホロウ」の、ティンカーベルが新しく始めたデリバリーサービスを手伝う「フェアリー・ティンカーベルのビジーバギー」です。そして、4つめは、ラプンツェルの森【『塔の上のラプンツェル』（2010）をテーマとしたエリア／写真③】に、ランタンフェスティバルへと向かうボートの旅で、フリン・ライダーと恋に落ちたラプンツェルが「今までで最高の日」を過ごす道のりを追体験する「ラプンツェルのランタンフェスティバル」が誕生します。

Artist Concept Only
©Disney

※画像はイメージです。

第51問　答え 魔法の泉

この魔法の泉のほとりに立つのが、東京ディズニーシー・ファンタジースプリングスホテル。ファンタジースプリングスの雰囲気を感じながら滞在が楽しめる、パーク一体型のディズニーホテルです。ファンタジースプリングスの動植物や魔法の泉がモチーフの装飾に包まれた客室があるデラックスタイプの「ファンタジーシャトー」（写真①）と、東京ディズニーリゾートで最上級の宿泊体験が提供されるラグジュアリータイプの「グランドシャトー」（写真②）の2棟。レストランは、ブッフェレストラン「ファンタジースプリングス・レストラン」、ロビーラウンジ「グランバラディ・ラウンジ」があります。そして「グランドシャトー」に宿泊するゲストのみが利用できる、シェフこだわりのフランス料理店「ラ・リベリュール」が誕生します。

※画像はイメージです。

東京ディズニーリゾート編
Tokyo Disney Resort

第52問
「東京ディズニーリゾート・トイ・ストーリーホテル」より

答え 鉛筆

フロントデスクの上には大きな鉛筆（写真①）が！『トイ・ストーリー』シリーズをテーマにした、国内で5番目となるディズニーホテル。ロビーには、オモチャがあふれ、天井はなんとゲームボードになっています。ホテルの外には、エントランス正面の、スリンキー・ドッグのゲームボードをイメージした広場、スリン

キー・ドッグパーク（写真②）や、ウッディなど、オモチャたちでいっぱいの中庭、トイフレンズ・スクエア（写真③）もあります。ホテル内、どこに行っても『トイ・ストーリー』の世界観にたっぷりと浸れます。

第53問
「東京ディズニーランドホテル」より

答え 『ピーター・パン』

「ミスティマウンテンズ・プール」は、『ピーター・パン』（1953）をテーマにした、夏季限定でオープンする屋外プール。メインプールの底には、フック船長の海賊船（写真①）が大きくデザインされています。ほかにも、滝から顔を出しているチクタクワニ（写真②）や、中に入って探険できるドクロ岩（写真③）もあり、ピーターパンやティンカーベルが住む、ネバーランドの雰囲気が楽しめます。

第54問
「ディズニーリゾートライン」より

答え 東京ディズニーランド・ステーション

この時計は、ワールドバザールの街並みに見られるような優美なヴィクトリア朝のデザインが施された駅舎、東京ディズニーランド・ステーション（写真①）にあります。ちなみにこの時計、ミッキーの腕が時計の針です。夜になってライトアップされると、とってもファンタスティック！　ところで、JR舞浜駅に隣接したリゾートゲートウェイ・ステーション（写真②）の中で、いちばん多く流れているのはどのディズニー映画の音楽だと思いますか（※クリスマスシーズンをのぞく）？　実は『美女と野獣』（1991）。モノレールの到着を待つあいだ、ぜひ耳を傾けてみて。

第55問
「ディズニーリゾートライン」より

答え イエロー

2020年7月にデビューした「リゾートライナー（TypeC）」の色はイエロー（写真①）でした。車内はミッキーをイメージしたカラーと、高さが3段階になったつり革、これまでの車両より大きくなったミッキーシェイプの窓（写真②）など、今まで以上にディズニーらしさが楽しめるようになりました。さらにゲストの心をくすぐるのが、ミッキーマウスのごあいさつ。ミッキーマウスの声で、駅間ごとに違うメッセージを届けてくれるので、乗車した際にはよく聞いて

ウォルト・ディズニーと歴史

『 』はディズニー映画またはディズニー・ピクサー映画のタイトルです。

第56問 答え シカゴ

ウォルト・ディズニーは、1901年12月5日、イライアス・ディズニーと妻のフローラの四男として、イリノイ州シカゴで誕生しました。正式名はウォルター・イライアス・ディズニー。ミドルネームは父の名、ファーストネームのウォルターは、当時父のイライアスが懇意にしていた牧師の名前からつけられました。写真のウォルトの生家は修復され、歴史的建造物として今も保存されています。

第57問 答え カンザスシティ

18歳になったウォルトは、カンザスシティでアニメーションを作りはじめ、やがて仲間を集めて会社を興しました（写真は当時のウォルト）。『赤ずきん』や『シンデレラ』、『長靴をはいた猫』など、おとぎ話を題材にした6本の短編を作り

ましたが、資金繰りがうまくいかず、会社は倒産してしまいます。若きウォルトは、この苦い失敗をバネにカリフォルニア州ロサンゼルス、映画産業の中心地であるハリウッドへ向かったのです。

第58問 答え マーセリーン

ディズニー一家はウォルトが4歳のとき、ミズーリ州マーセリーンの農場に引っ越します。ウォルトは、豊かな自然の中で家畜を相手に遊んだり、森の動物を観察したりして過ごしました。マーセリーンにはサンタ・フェ鉄道が通っており、伯父が機関士だったこともあって、ウォルトはこの地で汽車への愛着も育んだのでした。マーセリーンにいたのは4年ほどで、一家は父の仕事の都合でカンザスシティに引っ越しますが、ウォルトは生涯にわたってこの街での思い出を大切にし続けたのです。

第59問 答え リリアン

リリアン・バウンズは、1899年アイダホ州生まれで、ウォルトよりも2歳年上。1923年、設立まもないディズニー社で働きはじめたリリアンは、ウォルトと交際するようになり、1925年7月に結婚しました。ミッキー誕生の3年前の

ことで、当時ウォルトは野心にあふれた貧しい若社長。リリアンは、彼の飾らない人柄や仕事に対する情熱に惹かれて生涯の伴侶になったのです（写真は1966年、最後になった家族旅行中の2人）。ちなみに、残りの選択肢のダイアンとシャロンは、ウォルトとリリアンの長女と次女の名、ルースはウォルトの妹の名前です。

第60問 答え ロイ

ウォルトには、歳の離れた兄が3人います。13歳年上のハーバート、11歳年上のレイモンド、そしてウォルトとともに会社を興した8歳年上のロイ。ディズニー社の財務を一手に引き受け、常に資金繰りに頭を痛めていたロイは、やりたいことのためには経費など考えずに突き進むウォルトと対立することもしばしばだったといいます。でも、そんな弟を誰よりも理解し、才能を認めていたのもロイでした。

第61問 答え 『花と木』

1932年11月18日に行われた第5回アカデミー賞授賞式で、ディズニーの短編シリーズ「シリー・シンフォニー」の『花と木』（1932）が、世界初の色鮮やかなカラーアニメーションとして、短編賞を受賞。ウォルト・ディズニーは初めてのオスカーを手にしました。一方ノミネートされていた『ミッキーの子沢山』（1931）は、受賞を逃しましたが、奇しくもこの日はミッキーの4回目のデビュー記念日。ウォルトには、ミッキーマウスの創造に対して特別賞も贈られました。

第62問

答え 『ジャングル・ブック』

『ジャングル・ブック』の公開は1967年10月。イギリスの作家キップリングの同名の児童文学に大胆な脚色をしてディズニーらしい名作が誕生しましたが、ウォルトは映画の完成を見ずに前年の12月に亡くなり、これが直接手がけた最後の作品となってしまいました。クマのバルーの声優にフィル・ハリス、シア・カーン役に名優ジョージ・サンダースなど、ウォルト自ら当時の人気スターを起用しています。

第63問

答え ニューヨーク

1928年11月18日、ニューヨークの有名な劇場街ブロードウェイのコロニー劇場で、ミッキーマウスのデビュー作『蒸気船ウィリー』が公開されました。『蒸気船ウィリー』は、動きと音がぴったりシンクロした画期的なトーキーアニメーションでした。スクリーンの中で口笛を吹き、陽気な音楽を奏でる小さなネズミは観客を魅了し、たちまち大スターになったのです。コロニー劇場は、のちにブロードウェイ劇場と名前を変え、1940年11月、ミッキーの長編デビュー作でもある『ファンタジア』（右の画像）のプレミアショーが行われました。

第64問

答え 95周年

前項で触れたようにミッキーのデビューは1928年ですから、2023年はデビュー95周年でした。世界にスターは星の数ほどいるといえども、95年もの長きにわたってエンターテイメント界の頂点で活躍しているのは、ミッキーをおいてほかにいません。ミッキーの活躍はこれからも続きます。

第65問

答え ノート

1929年の末、仕事でニューヨークを訪れていたウォルト・ディズニーに、一人の男性が接触してきました。300ドル支払うので、子ども向けのノートの表紙にミッキーを使わせてほしいというのです。ウォルトは軽い気持ちで承諾しましたが、これが大変な売れ行きではありませんか。ウォルトは安易に商品化を許してしまったことを反省。同様の申し出が続いたこともあり、商品のライセンスを管理する子会社を立ち上げたのでした。

第66問

答え プルート

ミッキーの愛犬プルートは、同じ犬でも擬人化されたグーフィーと異なり、しゃべることができません。表情や仕草で感情を表現しなければならず、だからこそ優れた演技力が身についたのでしょう。ミッキーがかわいがる子猫にプルートがやきもちを焼く、1941年の『プルートの悩み』（右の画像）で、みごとアカデミー賞に輝きました。とはいえ、これは1933年の『ミッキーの愛犬プルート』のカラーリメイク版。やっぱりミッキーあってのプルートなのです。

第67問

答え 75%

アメリカでテレビが普及しはじめた1950年代、大手映画会社が新興メディアのテレビを敵視していたなか、ウォルト・ディズニーはテレビの将来性を見抜き、積極的に番組制作に乗り出しました。1955年10月から始まった「ミッキーマウス・クラブ」は、毎週月曜から金曜まで放映された1時間番組で、最高視聴率75%という驚異的な数字を記録した大人気番組となりました。あの「ミッキーマウス・マーチ」や、おなじみのイヤーハットも、この番組から生まれました。

第68問

答え 1950年

1949年、講談社はディズニー社と出版契約を結び、翌1950年に「ディズニーのまんがえほん」として「ミッキーマウス」をはじめ、「プルートパップ」（"pup"は"子犬"のこと）、「ドナルドダック」「七にんのこびと」の4冊が売り出されました。また、この1950年は、『白雪姫』（1937）が日本で初公開され、センセーションを巻き起こした年でもありました。

第71問

答え 『ミッキーの自動車修理』

3人が最初にガッツリ共演したのは、1935年の『ミッキーの自動車修理』でした。誠実で頑張り屋のミッキー、せっかちで癇癪持ちのドナルド、のんきでドジなグーフィー、絶妙なキャラクターバランスのトリオが誕生。3人は自動車の修理に奮闘しますが、逆に壊してしまうというハチャメチャぶりが愉快です。以後このトリオは、1937年の『ミッキーの大時計』や『ミッキーのお化け退治』をはじめ、数々の傑作短編を生み出していきました。

第69問

答え ドンナ・ダック

デイジーのデビューは、1937年公開の『ドナルドのメキシカン・ドライブ』で、名前をドンナ・ダックといいました。デビュー当時のデイジーは、ドナルドのようなギャアギャア声で、出演2作目、1940年の『ドナルドのダンス大好き』にデイジーダックとして登場し、正式にドナルドの恋人になりました。キュートなミニーに対して、デイジーはセクシー系。ドナルドを尻に敷く気の強さも魅力です。

第72問

答え 1955年

カリフォルニア州アナハイムにディズニーランド・パーク（当時の名称はディズニーランド）がオープンしたのは、1955年7月17日のこと。オープニングセレモニーの様子は、テレビ番組として放映もされました。「ディズニーランドは決して完成しない。世の中に想像力がある限り成長し続けます」と語ったウォルトの精神は今日まで受け継がれ、ディズニーパークは常に変化し、進化を続けています。

第70問

答え グーフィー

ドジで失敗ばかりしているグーフィーが、なぜオリンピックのマスコットに選ばれたのでしょうか？　グーフィーは、1940年代から『グーフィーの○○教室』と銘打った一連の短編シリーズで、ありとあらゆるスポーツにチャレンジしてきました（右は1944年の『グーフィーのゴルフ教室』）。「オリンピックは参加することに意義がある」というように、たとえ下手でも前向きにスポーツに取り組み、楽しむ精神が評価されたのでしょう。

第73問

答え 空飛ぶダンボ

「空飛ぶダンボ」は開園にまにあわず、開園から1ヵ月後の8月16日にオープンしました。当初はアニメーションの有名なシーン「ピンク・エレファンツ・オン・パレード」をモチーフにしたアトラクションという案もあったようですが、ダンボがシャンパンを飲んで酔っ払うという設定に、ウォルトがアルコールがらみのストーリーはよくないと反対し、空を飛ぶ愛らしいダンボの乗り物になりました。

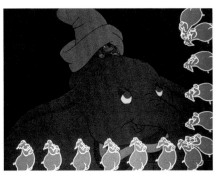

第74問 **答え** エイブラハム・リンカーン

ウォルトは、1964～1965年にニューヨークで開催された世界博覧会で4つのアトラクションを手がけました。そのひとつが、アメリカ第16代大統領エイブラハム・リンカーンの選出地イリノイ州のパビリオンのための「リンカーン大統領とともに」でした。南北戦争中の1863年にペンシルバニア州のゲティスバーグで行われた「人民の、人民による、人民のための政治」という有名な言葉を含む演説をオーディオ・アニマトロニクスのリンカーンで再現したもので、世界博終了後ディズニーランドに移設されました。

第75問 **答え** イッツ・ア・スモールワールド

ニューヨーク世界博覧会でウォルトが手がけた4つのアトラクションのなかには、ユニセフ館（ペプシコーラ提供）のための「イッツ・ア・スモールワールド」もありました。世界の国々の融和と子どもたちの幸せを願う、この愛らしいアトラクションが大人気を博したことはいうまでもありません。博覧会終了後ディズニーランドに移設され、今日に至るまで世界のディズニーパークで人々に愛され続けています。

第76問 **答え** マッターホルン

ディズニーランドの完成後まもなく、ウォルトは、アルプスの雪山を舞台にした実写映画『山の上の第三の男』（1959）のロケに参加して、この地にすっかり魅了されました。マッターホルン（Matterhorn：英語発音ではマッターホーン）を見て感激し、この山の100分の1のレプリカをパークに作ったのです。この雪山は、ディズニーランド初のスリルライドの舞台となりました。ウォルトは、ただスリルを味わうだけのローラーコースターは要らないという考えでしたが、アルプスをモチーフにストーリーを盛りこむことで、雪山をソリで滑降する「マッターホーン・ボブスレー」が誕生。以後「スペース・マウンテン」や「ビッグサンダー・マウンテン」といった人トーリー性のある大リルフイドが作られました。

第77問 **答え** 観覧車

ディズニーランドは夢と魔法の王国。非日常を保つため、高所からパークの外の景色が見えてしまう観覧車は作らないというのがウォルトの方針でした。2001年にオープンしたディズニー・カリフォルニア・アドベンチャー・パークには、「ピクサー・パル・ア・ラウンド」という観覧車型のアトラクションがありますが、ディズニーランド・パークには未だに観覧車はありません。ローラーコースターは前項のとおり。メリーゴーラウンドは、アーサー王伝説をモチーフにした「キング・アーサー・カルーセル」が、ティーカップは『ふしぎの国のアリス』（1951）の「マッド・ティーパーティー」があります。

第78問 **答え** 1923年

1923年7月、21歳の若きウォルトは、ハリウッドにやってきました。そして、実写の少女とアニメーションを組み合わせた「アリス・コメディー」を売り込み、10月16日にニューヨークの配給業者と正式に契約を結ぶと同時に、兄のロイとともに「ディズニー・ブラザーズ・カートゥーン・スタジオ」を設立したのです。この会社は、のちにウォルト・ディズニー・プロダクションズと社名を変更、1986年から現在の名称ウォルト・ディズニー・カンパニーとなりました。

第79問 **答え** アブ・アイワークス

アブ・アイワークスは、カンザスシティでアニメーションを志したウォルトが出会った親友です。1928年の初め、人気キャラクター、ウサギのオズワルドの版権を配給会社に奪われ、スタッフも引き抜かれてしまったときも、アブはウォルトの元に残り、失ったウサギの代わりにネズミをデザインすると、1日に700枚という驚異的なスピードで原画を描き、初期のミッキー作品をほとんど1人で仕上げたのです。アブがいなかったらミッキーはデビューしていなかったとさえいわれています。写真はウォルト（左）とアブ（右）。

第80問

答え 9人

『シンデレラ』(1950) の大ヒットを皮切りに、第二次世界大戦後の黄金期を迎えた1950年代、ウォルトは、1930年代からいっしょに働いてきたベテランアニメーターたちを、最高裁の9人の判事になぞらえて「ナイン・オールド・メン」と呼びました。写真左から、前列：ウルフガング（ウーリー）・ライザーマン、レス・クラーク、ウォード・キンボール、ジョン・ラウンズベリー。後列：ミルト・カール、マーク・デイヴィス、フランク・トーマス、エリック・ラーソン、オリー・ジョンストン。

第81問

答え マーク・デイヴィス

『白雪姫』(1937) 製作中の1935年に入社。ほかにも『ふしぎの国のアリス』(1951) のアリスや、『101匹わんちゃん』(1961) のクルエラ・ド・ビルなどの名キャラクターを生みました。その後、ウォルトたっての願いでパークの企画・開発をする部署に異動し、「カントリーベア・ジャンボリー」（東京ディズニーランドでは「カントリーベア・シアター」）、「カリブの海賊」、「ホーンテッドマンション」などの人気アトラクション作りに貢献しました。写真は「カリブの海賊」のコンセプトアートとマーク。

第82問

答え ウォード・キンボール

ディズニー入社は1934年。ジミニー・クリケットはディズニーを代表するキャラクターになりましたが、ウォード・キンボール本人は、「ウォルトに『もっとかわいらしく』といわれて修正を重ねた結果、コオロギに見えなくなってしまった」と語っていたとか。『ふしぎの国のアリス』ではチェシャ猫のほか、作中随一の傑作といわれるマッド・ティーパーティーのシーンも担当しました。また鉄道マニアとしても知られ、鉄道好きのウォルトとは同好の士でもありました。

第83問

答え 『101匹わんちゃん』

ロバートとリチャードのシャーマン兄弟は、ウォルトお気に入りのソングライターで、『メリー・ポピンズ』(1964) の「スーパーカリフラジリスティックエクスピアリドーシャス」や「2ペンスを鳩に」、『ジャングル・ブック』の「君のようになりたい」、『くまのプーさん』(1977) の主題歌など、数々の名曲を生みました。なかでも有名なのは「イッツ・ア・スモールワールド」の主題歌「小さな世界」です。『101匹わんちゃん』の音楽を担当したのは、やはりディズニーのお抱え作曲家ジョージ・ブランズと、メル・レビンでした。

第84問

答え ジャズバンド

ディズニーのアーティストは多才な人が多く、「ファイアーハウス5＋2」はディキシーランドジャズのバンドです。しかも、このバンドは趣味の域を超え、パークで演奏し、ラジオやテレビに出演し、レコードも出したという本格派でした。リーダーはウォード・キンボールでトロンボーン担当、ナイン・オールド・メンからは、フランク・トーマスもピアノ担当で参加しています。

長編アニメーション

『　』はディズニー映画またはディズニー・ピクサー映画のタイトルです。

ディズニーアニメーション編

Disney Animation

『白雪姫』(1937) より

第85問

[答え] **煙突掃除**

　　　　森の動物たちに案内され、七人のこびとの家の中に入った白雪姫は、目を丸くします。部屋は散らかし放題だったのです。そこで、家事が得意な白雪姫は、動物たちに仕事を振り分けました。そのとき暖炉の掃除は頼んでいますが、煙突掃除までは頼んでいませんでした！　姫は、自分もほうきを手にして、楽しそうに掃除を始めます。動物たちのおかげで部屋は片付き、見違えるようにきれいになりました。そのあと、スープまで作った白雪姫は、こびとたちのベッドで眠ってしまいます……。

　ところで、動物たちのなかに1匹のカメがいます。森にカメ？　どこかに池でもあるのでしょうか……。

『ピノキオ』(1940) より

第86問

[答え] **星の女神**

　『ピノキオ』は、イタリアの作家コロッディの児童文学をもとに製作された、長編アニメーションです。

　木彫り職人のゼペットさんが、あやつり人形のピノキオを作り、「この子がほんとうの子どもだったらいいのに」と思っていると、星の女神ブルー・フェアリーが現れ、ピノキオに命を吹き込んでくれました。そして、勇気のある正直で優しい子どもになったら人間の子どもにしてくれるというのですが、ピノキオは、嘘をついて鼻が伸びたり、遊び呆けてロバになりかけたり、"良心"役である、コオロギのジミニー・クリケットをハラハラさせます。

　主題歌の「星に願いを」は、ディズニーアニメーション初のアカデミー賞歌曲賞を受賞し、今も愛され続ける名曲です。

『ファンタジア』(1940) より

第87問

[答え] **ディズニー**

　『ファンタジア』は、8つのクラシックの名曲を、音響だけでなくアニメーションとともに楽しむという、当時としては全く新しいエンターテイメントです。ウォルトが、指揮者のレオポルド・ストコフスキーと組んで、苦労して作り上げた斬新な作品でした。

　取り上げられた楽曲は、「トッカータとフーガ　ニ短調」「組曲　くるみ割り人形」「魔法使いの弟子」「春の祭典」「交響曲第6番　田園」「時の踊り」「禿山の一夜」「アヴェ・マリア」。「魔法使いの弟子」には、これが長編アニメーションデビューとなったミッキーマウスが登場。偉大な魔法使いに弟子入りする、ダメなやつを演じています。偉大な魔法使いの名前はイェンシッド。Yen Sidを逆から読めば……、もうおわかりですね？

『ダンボ』(1941) より

第88問

[答え] **ケイシー・ジュニア**

　　　空飛ぶ子ゾウのお話『ダンボ』は、『ピノキオ』や『ファンタジア』で赤字を抱えたスタジオが、製作にかかる費用や日数を極力抑えて製作しました。けれど、母親のジャンボの愛情、ネズミのティモシーとの友情、何より、大きすぎる耳を持つダンボの愛らしさが観客の心を打ち、大ヒット作品となりました。

　軽快な音楽をバックに、舞台となるサーカスの動物たちを運ぶ機関車は、ケイシー・ジュニア。ダンボが人気者になると、おめかしし、立派な車両を引っ張って走ります。

↑ラストシーンはケイシー・ジュニアに乗って寄り添うジャンボとダンボ。

『ダンボ』(1941) より

第89問

[答え] **ピーナツ**

　　　母親のジャンボと引き離され、耳が大きすぎるといじめられるダンボに、ピーナツを差し出し励ますのが、サーカスのネズミのティモシーです。ピーナツは映画の中でいい小道具になっていて、ティモシーが食べたあとの殻を椅子がわりにしたり、空を飛べたダンボが意地悪なおばさんゾウたちに機関銃のように浴びせたりするなど、効果的に使われていきます

第90問

『バンビ』(1942)より

答え ファリーン

『バンビ』は、ハンガリー出身の作家フェリックス・ザルテンの小説を原作として、大自然の中で成長していく子ジカのバンビを描いた作品です。自然と動物たちをリアルに描くことにこだわったウォルトは、大自然を写した映像を大量に用意したり、スタジオでシカを飼い、アニメーターたちにスケッチさせたりしました。

ファリーンは、バンビのいとこの女の子。初めて出会ったときには幼かったバンビとファリーンですが、やがて成長して再会すると、恋に落ち、結ばれます。

第91問

『バンビ』(1942)より

答え とんすけ

おっとりした森の王子さまバンビとともに、シャイなスカンクのフラワー、やがて伴侶となるいとこのファリーンなど、魅力的な森の仲間たちが登場します。なかでも、やんちゃ坊主のウサギのとんすけは人気を博しました。とんすけの英語名はThumper(サンパー)。thumpの意味は"ドスン"という音のこと。とんすけは、いつも足で地面をトントンッとたたいているので、その名がついたのでしょう。

第92問

『シンデレラ』(1950)より

答え 馬

妖精のフェアリー・ゴッドマザーは、まず、カボチャを馬車に変えました。次に、ネズミたちを馬に変え、そのあと、馬を御者に、犬をお付きの者に変えたのです。最後にシンデレラの番が回ってきて、きれいなドレス姿になります。大喜びしているシンデレラの足元には、なんとガラスの靴が輝いているではないですか！

妖精は、「ビビディ・バビディ・ブー」という魔法の言葉をとなえながら、次々と魔法をかけたのですが、「魔法を信じなくても、この言葉をとなえれば願い事が叶う」と、軽快なテンポで歌います。妖精は、願う心がいちばん大切だということを、伝えたかったのかもしれません。

↑「こんなの見たことある？」と、シンデレラは、変身した犬や馬たちに銀青色のドレスを披露。

第93問

『ふしぎの国のアリス』(1951)より

答え アンバースデー・パーティー

アリスは白うさぎを追いかけているうちに、森で迷子になってしまいます。すると、チェシャ猫が現れ、白うさぎを捜す気なら、マッドハッターに聞けばいいと教えてくれました。森の小道を歩き出したアリスは、音楽を耳にします。マッドハッターと3月うさぎが、アンバースデー・パーティーを開いていたのです。誕生日じゃない日——つまり、364日開かれるパーティーというわけです。

マッドハッターが訳のわからないことをしゃべり続けるので、たまりかねたアリスは席を立ち、「私には時間がないの」と伝えました。そのとき、「時間がない！」と言いながら白うさぎが走ってきたのでした。

第94問

『ピーター・パン』(1953)より

答え ワニ

自由に空を飛び、永遠に大人にならない少年ピーター・パン。原作は、イギリスの作家ジェームズ・M・バリーの戯曲・小説です。ウォルトは、子どもの頃に観た、ピーター・パンが空を飛ぶお芝居が大好きだったそうです。

ネバーランドの海賊フック船長は、ピーター・パンと戦って切り落とされた左手をワニ(チクタクワニとも呼ばれる)に食べられてしまい、代わりに鉤爪をつけています(鉤爪は、映画では左手、原作では右手です)。味をしめたワニは彼を食べたくて、いつもつけ回しているのです。そんなわけで、フック船長のピーター・パンへの憎しみは相当なもの。復讐する機会を狙っています。

第95問

『ピーター・パン』(1953)より

答え スミー

ピーター・パンが住む島ネバーランドには、迷子の男の子たち、ロスト・ボーイズも暮らしていました。ピーター・パンを頭と仰ぐ少年たちで、それぞれ動物の着ぐるみを着ています。スカンク、フォクシー(キツネ)、カビー(クマ)、ラクーン・トゥインズ(アライグマの双子)、ラビット(ウサギ)の6人です。ちなみに、スミーはフック船長の手下です。

第96問

『わんわん物語』(1955)より

答え 4匹

ディズニーアニメーションのなかでも数少ないオリジナルストーリーの名作、『わんわん物語』。コッカースパニエルの箱入り娘レディと野良犬のトランプの、ラブストーリーです。Trampは、カードのtrumpとは違います。原題の『Lady and the Tramp』は、「貴婦人と風来坊」という意味なのです。

様々な事件を乗り越え、結ばれた2匹には、おしゃまな子犬が4匹生まれます。レディにそっくりなかわいい女の子3匹と、トランプそっくりなきかんぼうの男の子1匹です。

↑ラストシーンはダーリング家のクリスマス。野良犬だったトランプは飼い犬になる。

第97問

『わんわん物語』(1955)より

答え シャム猫

飼い主のジムさん夫妻の留守番として、赤ちゃんの世話をしにやってきたのは、猫好きで犬が嫌いなセーラおばさん。いっしょに連れてきたのは、レディをいじめる性悪なシャム猫、サイとアムでした。ニャーニャーと話す声の主は、歌手で女優のペギー・リー。姉御肌の雌犬ペグ、レディの飼い主ダーリングの声も担当しました。ソングライターとしても才能を発揮した彼女は、2匹が歌う自己紹介ソング「シャム猫の歌」のほか、「ベラ・ノッテ」「ララルー」などの名曲も作曲しています。

第98問

『眠れる森の美女』(1959)より

答え フィリップ王子

オーロラ姫の父、ステファン王と、フィリップ王子の父、ヒューバート王は、両国の統合を夢見ていました。そこで、オーロラ姫が誕生すると、姫とフィリップ王子の婚約を、誕生を祝う会で発表するつもりだったのです。けれど魔女のマレフィセントに、「姫は16歳の誕生日の日没までに、糸車の針で指をさして死ぬ」という、呪いをかけられてしまったのでした。呪いから逃れるため、森の奥で妖精たちに育てられた姫は美しい16歳の乙女に成長し、夢の中で出会った素敵な人と出会います。その人こそ、深い眠りについたオーロラ姫を愛のキスで目覚めさせた、婚約者のフィリップ王子だったのです！ 2人はめでたく結ばれますが、運命の糸で結ばれていたとしか言いようがありません。

第99問

『101匹わんちゃん』(1961)より

答え 15匹

それぞれの飼い主ロジャーとアニータといっしょに結ばれた、ダルメシアンのポンゴとパディータ。子犬が15匹生まれて、幸せな日々を送っていましたが、稀代の悪役、毛皮大好きなクルエラが現れて、子犬はさらわれてしまいます。では、作品タイトルの"101匹"とは？ クルエラが、毛皮のコートを作るために集めた子犬は99匹。それにポンゴとパディータを加えて、101匹というわけです。ポンゴたちの、子犬奪回大作戦にハラハラドキドキ！

手描きでは困難な、99匹の子犬を一斉に登場させるシーンのために使われたのが、コピーマシンによるゼロックス・システム。アニメーション製作に革命をもたらしたこのシステムによって、ディズニーアニメーションはまた一歩、前進したのです。

第100問

『王様の剣』(1963)より

答え アーサー王

イギリスの作家T.H.ホワイトの原作をもとに、イギリス史上に名高いアーサー王伝説を描いた作品です。国王がおらず、混乱が続くイギリス。教会の広場に置かれた石の台に刺さった剣を抜いた者が、真のイギリス国王であるといわれていましたが、長い間、誰にも抜くことはできませんでした。その剣を抜いたのが、やせっぽちの少年ワート。のちのアーサー王です。ワートが王になることを見通していた魔法使いのマーリンは、だいじなのは力ではなく知恵と勇気だと教え、ワートを導くのでした。マーリンは、ディズニー作品ではひょうきんな爺さまに描かれていますが、アーサー王伝説では威厳ある大魔法使いです。

第101問

『ジャングル・ブック』(1967)より

答え インド

インド出身のイギリスの作家、ラドヤード・キップリングの小説が原作です。インドのジャングルで、オオカミに育てられた少年モーグリ。黒ヒョウのバギーラやクマのバルーたちにさまざまなことを教わりながら成長し、やがて人間の世界へと帰っていきます。ウォルト・ディズニーが企画段階から直接手がけた、最後の作品。のちに、『リトル・マーメイド』や『美女と野獣』などで活躍する製作スタッフのなかには、子どもの頃に『ジャングル・ブック』を観てアニメーションの世界を志したという人が多く見られます。そういった意味でも、記念碑的な作品となりました。

第102問

『おしゃれキャット』(1970)より

答え トゥールーズ

20世紀初頭のパリの街を舞台に、全編の3分の1にジャズやシャンソンが流れる、おしゃれな作品です。裕福なボンファミーユ婦人が、飼い猫のダッチェスと3匹の子猫たちに財産を譲ると言い出したことから、騒動が始まります。3匹の子猫、トゥールーズは絵を描くのが得意、ベルリオーズには音楽の才能があり、マリーは歌うのが大好き。キャラクターは、フランスにちなんだ名前がつけられているようです。画家アンリ・ド・トゥールーズ＝ロートレック、音楽家ルイ・エクトル・ベルリオーズ、フランス王妃マリー・アントワネット……？　英雄ナポレオンと政治家ラファイエットの名前の犬も登場します。

↑黒い子猫がベルリオーズ、茶色でコロコロしたのがトゥールーズ。

↑ベルリオーズのピアノに合わせて歌のレッスンをするマリー。

第103問

『おしゃれキャット』(1970)より

答え モーリス・シュヴァリエ

ウォルト・ディズニー没後初めての長編アニメーション作品で、晩年のウォルトと親交があったシャンソン界の大スター、モーリス・シュヴァリエが、引退していたにもかかわらず、彼のために主題歌を歌っています。音楽を担当したのは、「イッツ・ア・スモールワールド」などでも知られるシャーマン兄弟。シュヴァリエに歌ってもらおうと、気合を入れたデモテープを作って送ったそうですよ。

原題の『The Aristocats』は辞書にはありません。aristocrat(貴族)とcat(猫)を合わせた造語で、"上流階級の猫"というような意味です。

第104問

『ロビンフッド』(1973)より

答え シャーウッドの森

12世紀のイギリス、シャーウッドの森の英雄ロビン・フッドの伝説を、キャラクターを動物に置きかえた作品です。1952年には、ディズニーで実写版も製作されました。シャーウッドの森は実在しており、イギリスの国立自然保護区になっています。

義賊ロビン・フッドはキツネ、相棒のリトル・ジョンはクマの姿。圧政を敷くライオンのプリンス・ジョンと戦うロビン・フッドの活躍を、痛快に描いています。

↑森の木には、懸賞金つきのお尋ね者ロビン・フッドの張り紙が。

第105問

『くまのプーさん／完全保存版』(1977)より

答え 100エーカー

『くまのプーさん』の原作者は、イギリスの作家A.A.ミルン。原作の挿絵を描いたのは、E.H.シェパードです。ミルンは、息子のクリストファー・ロビン・ミルンのために、彼のお気に入りのぬいぐるみたちが活躍する物語を書きました。

ウォルトは、幼い娘のダイアンが大好きだったこの物語を、いつかアニメーションにしたいと思っていました。それから20年以上経ってから映画化権を獲得し、1966年に第1作『プーさんとはちみつ』が完成しました。この1作目は中編のアニメーションでしたが好評を博し、ウォルトの没後1968年に『プーさんと大あらし』、1974年に『プーさんとティガー』が公開されました。その後、この3作をまとめ、つなぎの部分とラストシーンを加えた『くまのプーさん／完全保存版』が、1977年に公開されました。

ちなみに100エーカーは、404685.64㎡(約40ha)。東京ドーム8個分以上ですね。

第106問

『くまのプーさん／完全保存版』(1977)より

答え ブタ

『くまのプーさん』シリーズでは、100エーカーの森を舞台に、愛すべきプーさんと個性的な仲間たちが、生き生きと描かれています。小さなブタのピグレットをはじめ、トラのティガー、ロバのイーヨーはぬいぐるみ。もちろんプーさんも！　そして、ラビット、オウル、ゴーファーは、ぬいぐるみではなく森の動物たちです。ちなみにゴーファーは、原作には登場しません。イギリスには生息せず、アメリカに生息しているジリスという動物です。アニメーション化する際に、アメリカの観客を意識したキャラクターを加えたのです。

第107問

『ビアンカの大冒険』(1977)より

答え 国際救助救援協会

『ビアンカの大冒険』は、ニューヨークの国連本部の地下に、ネズミたちの組織、国際救助救援協会があるという設定の、楽しい長編アニメーション。原作は、イギリスの作家マージェリー・シャープの「ミス・ビアンカ」シリーズです。美しい白ネズミのビアンカが、相棒のバーナードといっしょに、助けを求める少女のために奮闘します。

「ナイン・オールド・メン」と呼ばれたベテランアニメーターと、新人アニメーターたちが、タッグを組んで製作しました。

第**108**問 『きつねと猟犬』(1981)より

答え エイモス

　原作は、アメリカの作家ダニエル・P・マニックスの、同名の小説です。猟師に母親を殺された子ギツネのトッドは、優しいトゥイード夫人に育てられ、隣に住むエイモスの猟犬、コッパーと友だちになります。しかし2匹は成長するにつれ、友情と、相容れないお互いの立場との狭間で、悩むことになるのです。

　『ビアンカの大冒険』に続いて、ベテランアニメーターたちが中心となり、実質的な作画作業は若手に委ねるなど、長老たちの置き土産となった作品です。

第**109**問 『オリビアちゃんの大冒険』(1986)より

答え シャーロック・ホームズ

　名探偵シャーロック・ホームズが住む、ロンドンのベーカー街221Bの地下には、ネズミの名探偵バジルが住んでいました。相棒の医者ドーソン博士といっしょに、ネズミの少女オリビアを助けて大活躍！　もちろん、ホームズとワトソンがモデルです。

　主人公をバジルという名前にしたのは、かつて最高のホームズと謳われた名優、バジル（ベイジル）・ラスボーンへのリスペクトからといわれています。ディズニー長編アニメーション史上初めて、一部にCGが取り入れられた作品です。

第**110**問 『オリバー／ニューヨーク子猫ものがたり』(1988)より

答え ロスコー＆デソート

　イギリスの作家チャールズ・ディケンズの代表作「オリバー・ツイスト」の舞台を20世紀のニューヨークに移し、主人公を子猫に置きかえて作られた作品です。捨て猫のオリバーは、たくましく生きる野良犬のドジャーと知り合い、個性的な彼の仲間のアインシュタインやフランシスたちと暮らすようになります。ロスコー＆デソートは、冷酷な高利貸しサイクスが飼っているドーベルマンです。

　ディズニーに初めてCGI（コンピューター・ジェネレイテッド・イマジナリー）部門が設立され、さまざまなシーンがコンピューターで作られた、記念すべき作品です。

↑オリバーとドジャー。ドジャーの声と歌は大スターのビリー・ジョエルが担当！

第**111**問 『リトル・マーメイド』(1989)より

答え 声

　アリエルは人間の世界で、日の光を浴びながら歩いて、走ってみたかったのです。そこで人間の足を授けてもらいに、海の魔女、アースラの隠れ家に行きました。するとアースラは、アリエルの美しい声と引き換えに、足を授けてくれると言うではありませんか。声と聞いて戸惑うアリエルでしたが、狡猾なアースラは、「あんたには、美しい顔がある。それに、身振りだってものを言う」と伝えたのでした。美しい容姿はそのままだし、しゃべることができなくてもボディーランゲージがあるではないか、というわけです。アースラと契約を結んだアリエルが歌い出すと、澄んだ声がアースラの巻き貝のペンダントに吸いこまれていきます……。

↑ちなみに、アースラの隠れ家には、ヘア・クリームや香水、口紅などの化粧品がそろっている。

←アースラは、アリエルが陸を闊歩する幻影を見せて誘惑する。

第**112**問 『美女と野獣』(1991)より

答え 西の棟

　入ることを禁じられた西の棟。好奇心が強いベルは、部屋のドアを開け、中に入っていきました。家具は倒され、カーテンは裂かれ、荒れはてた部屋。自分の醜い姿に耐えきれず、野獣になってしまった王子が荒れ狂っている様子が浮かんできそうな光景でした。ベルは、裂いた爪痕が残っている王子の肖像画に目が留まると同時に、青い瞳に引き寄せられました。それから、テーブルの上に置いてあった美しいバラの花に手を伸ばしたとき、野獣が現れ、「ここには、絶対に入るなと言った。さあ、出ていけ！」と怒鳴ったのです。物語の最後で、人間に戻った王子の瞳を見たベルは「あなたなのね」とささやきます。その青い瞳は、裂かれた肖像画の瞳と同じ色だったからです。

↑ベルが見つける王子の肖像画は一瞬、冒頭にも登場するのでお見逃しなく。

→魔法のバラの花びらがすべて散ると、野獣は人間に戻れなくなる。

東京ディズニーリゾート　ウォルト・ディズニーと歴史　長編アニメーション　その他　ディズニー雑学

第113問

『美女と野獣』(1991)より

答え ル・フウ

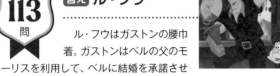

ル・フウはガストンの腰巾着。ガストンはベルの父のモーリスを利用して、ベルに結婚を承諾させようと企み、ル・フウにモーリスの家の前で見張っているように命令しました。雪にうもれながらも、帰宅を待ち続けるル・フウ……。ガストンの命令ならなんでもきいてしまうんです。やがて、ベルに連れられ、衰弱したモーリスが戻ってきますが、ル・フウにとってはかなりの時間経過があるはず!?　ここでちょっと製作秘話。DVDの音声解説で、2人の監督カーク・ワイズとゲイリー・トゥルースデイルが語っています。「矛盾が出てくる。ベルは城でどれくらい暮らしたのか。明らかに数ヵ月は経っている。その間、ル・フウはずっとそこにいたのか?」「気にすることはない。ガストンに命令されたんだ。彼は何ヵ月だって動かない。そう言い訳しておけばいい」。ル・フウは腰巾着の鑑(かがみ)ですね!

第114問

『アラジン』(1992)より

答え ジーニーを自由にする

ランプの魔神、ジーニーは、アラジンに3つめの願い事で王子に戻るようにと助言しました。ところがアラジンは、「ジーニーに自由を」と願い、ジーニーを自由にしたのでした。アラジンは貧乏なコソ泥に逆戻り。ジーニーは涙をこぼしながら彼を抱きしめていいました。「だれがなんといっても、君は僕には王子様だ」。これを聞いた王サルタンは、「いかんのは、あの法律だな。本日これより、王女は自分が認めた相手と結婚して良いこととする」と宣言したのでした。こうしてジャスミンとアラジンは、めでたくゴールイン!ランプの中に吸いこまれてしまったジャファーとイアーゴは、洞窟に閉じこめられることに……。

↑アラジンがジーニーの自由を願った瞬間、彼を束縛していた腕輪が外れる。

第115問

『ライオン・キング』(1994)より

答え ハクナ・マタタ

アフリカのサバンナを舞台に、繰り返す命の環(わ)―サークル・オブ・ライフ―がテーマとなった壮大な物語です。主人公は、ライオンの王ムファサの後継者として生まれたシンバ。辛い運命に負けそうになりながらも、自分の進むべき道を探して、悩みながら成長していきます。シンバを助けてくれた、ミーアキャットのティモンとイボイノシシのプンバァは、「ハクナ・マタタ」といってシンバを励まします。スワヒリ語で「くよくよするな、どうにかなるさ」という意味。「ハクナ・マタタ」は、ティモン、プンバァ、シンバのトリオで歌う劇中歌になっていたり、『ライオン・キング3　ハクナ・マタタ』(2004)というスピンオフ作品のタイトルにもなっています。

第116問

『ライオン・キング』(1994)より

答え ラフィキ

ラフィキはサバンナの長老。生まれたばかりのシンバを取りあげ、未来を占うまじない師のヒヒです。『ライオン・キング』にはアフリカに生息するたくさんの動物たちが登場します。『リトル・マーメイド』『美女と野獣』の興行収入を塗り替えるような大ヒットになったのは、この動物たちが、子どもの観客を夢中にさせたからなのかもしれません。

残った選択肢のシェンジとバンザイ、エドは、動物たちが寄りつかないゾウの墓場に棲みついた凶暴なハイエナたちの名前です。

第117問

『ポカホンタス』(1995)より

答え 冒険家

1607年、イギリスのヴァージニア会社(カンパニー)は、自由と繁栄と心躍る冒険を求めて新大陸を目指し、帆を揚げました。指揮官のラトクリフ総督は、新大陸で金を掘り当て、一攫千金を夢見ています。船乗りのなかに、冒険家のジョン・スミスもいました。スミスは、新しい世界を山ほど見てきましたが、どれも似たり寄ったりだと思い、今回の冒険もさほど期待はしていませんでした。船が停泊したのは、アメリカ先住民のパウアタン族が住む地。首長の娘、ポカホンタスは、下船し、美しい景色を眺めているスミスを、木陰から見ていました。のちに、ポカホンタスとスミスは川岸で出会い、言葉を交わします。スミスは、ポカホンタスの話を聞いているうちに、自分の国の文明の利器よりも、ポカホンタスが暮らす大地が秘めている力のほうが、はるかに優れていると思えてきたのでした。

第118問

『ノートルダムの鐘』(1996)より

答え 鐘つき

フランスの文豪ヴィクトル・ユーゴーの小説「ノートルダム・ド・パリ」を原作として、中世ヨーロッパのパリのノートルダム大聖堂を舞台に、重厚な映像世界が繰り広げられます。『リトル・マーメイド』以来、ディズニー作品の音楽を作り続ける天才アラン・メンケンが、当時の"自身最高の出来"と語ったテーマ曲が、作品をより際立たせています。主人公のカジモドは、姿は醜くとも心は清らかな青年。大聖堂の鐘楼に隔離され、鐘をついて暮らしています。こっそり祭りを見に出かけたカジモドは、初めて外の世界にふれ、身分の壁や民族差別、宗教における聖域など、様々な問題に出会い、翻弄されていきます。

第119問

『ヘラクレス』(1997)より

答え ピロクテテス

ギリシャ神話の英雄、ヘラクレスの物語。とはいえ、アメリカンなギャグとパロディに彩られ、ゴスペルソングが鳴り響く軽快な作品です。神々の国オリンポスで大神ゼウスの息子として生まれたヘラクレスですが、冥界の王ハデスの企みで半神半人になってしまいます。真のヒーローになるために、ピロクテテス（フィル）のもとで訓練に励むのでした。作品には、ギリシャ神話の生き物や怪物がたくさん登場します。ピロクテテスは半人で半分山羊の生き物。ネッサスは半人半馬の怪物、ヒドラは首を斬られるたびに首が増えていく怪物で、エリュマントスのイノシシは、問題編（P63）に出ている画像の怪物です。

↑英雄になるべくフィルに鍛えられる、少年時代のヘラクレス。

↑巨大なヒドラを退治。これが、ヘラクレスの最初の英雄行為となった。

第120問

『ムーラン』(1998)より

答え ピン

隊長のリー・シャンに名前を聞かれたファ・ムーランは、とっさに「ピン」と名乗ります。ムーランの上着の中に潜んでいるムーシューが、「ピン」とささやいたからです。ムーシューとは？　ファ家のちっぽけな守護神で、先祖たちがムーランの相談役として遣わしたのでした。正確にいうと、かつて仕事をしくじったムーシューは、只今、守り神から降格中の身なのです。ムーランを英雄にすることができれば、立派な守り神に戻れると思っているので、ムーランの世話に余念がありません。そんな守護竜の支えもあり、ムーランは厳しい訓練を重ね、規則と力を学んでいきました。

第121問

『ファンタジア／2000』(2000)より

答え ジャック・ニコルソン

音楽と映像の素晴らしいコラボレーション、1940年に公開された名作『ファンタジア』が、60年後に、新しい姿でお目見えしました。取りあげられた曲は、「交響曲第5番」「交響詩ローマの松」「ラプソディ・イン・ブルー」「ピアノ協奏曲第2番」「動物の謝肉祭」「魔法使いの弟子」「威風堂々」「火の鳥」。前作と同じ「魔法使いの弟子」は、最新のデジタル技術で鮮やかに再現されています。

「ピアノ協奏曲第2番」では、アンデルセンの「錫の兵隊」をもとにしたアニメーションが展開されます。バレリーナ人形と錫の兵隊の恋を邪魔する、びっくり箱の人形のモデルはアメリカの名優ジャック・ニコルソンだそうですが、似ていますか？

↑1本の足で立つ凛々しい錫の兵隊の物語は、アンデルセンの名作。

第122問

『リロ＆スティッチ』(2002)より

答え 626号

ジャンバ・ジュキーバ博士は、銀河連邦の防衛技術開発における中心的科学者ですが、違法な遺伝子実験を行ったので告発されてしまいます。その実験で誕生した新しい生命体が、試作品626号でした。銃弾を跳ね返し、火にも強く、頭脳はスーパーコンピューター以上。暗闇でもものが見え、体の3000倍以上の重さの物体を動かせます。そして、唯一の本能は、触れるものすべてを破壊すること！　銀河連邦の議長に追放された626号は脱走し、パトロール艇を盗んで乗り込むと、地球へと不時着したのでした。リロが暮らしているカウアイ島へ……。リロは彼と出会い、スティッチと名付けます。ちなみにジャンバ博士は、626号が逃げることを予想して設計していたそうです。

↑ジャンバ博士（左）と、エイリアン姿のスティッチ。

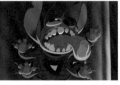
↑エイリアン姿のスティッチは、手が4本で触角もある異質な姿。

第123問

『チキン・リトル』(2005)より

答え どんぐりをひろいに来た

主人公は、不器用なニワトリの男の子、チキン・リトル。「空のかけらが落ちてきた！」と騒いだことから、町中の笑い物になっています。それはエイリアンの落とし物だったのですが、エイリアンがやってくる目的が地球侵略などではなく、どんぐり拾いだったというのは、ほのぼのしていますね。

この頃までは、ピクサー・アニメーション・スタジオがCGアニメーションを担当していましたが、ディズニー・アニメーション・スタジオもCGアニメーションへの移行を宣言。この後、2006年に、ディズニー社はピクサー社を完全子会社とします。

第124問

『ライアンを探せ！』(2006)より

答え ヌー

ニューヨークの動物園の人気者、ライオンのサムソンと、父親にコンプレックスを持つ、息子のライアン。ひょんなことから、野生の島に運ばれてしまい、動物園の仲間とともに、ジャングルでの大冒険が始まることに。ふだんはライオンに襲われることが多いヌーが、この作品では逆に、迫力十分にライアンたちに襲いかかります。

動物たちをリアルに描いたCG作品で、製作は外部の会社ですが、配給はディズニーでした。

Answer

東京ディズニーリゾート　ウォルト・ディズニーと歴史　長編アニメーション　その他　ディズニー雑学

第125問

『ルイスと未来泥棒』(2007)より

答え 記憶スキャナー

ウィリアム・ジョイスの「ロビンソン一家のゆかいな一日」を原作として作られた、長編アニメーション。ディズニーのアニメーション部門の最高責任者にも就任した、ピクサーのジョン・ラセターが、製作総指揮を務めました。『Mr.インクレディブル』に続いて、人間をCGで描く技術が、より一層進歩したことを感じさせる作品です。主人公のルイスは、養護施設で育った、発明に夢中な少年。12年前に別れた母親を探しだすため記憶を取り戻そうと、なくした記憶を蘇らせる機械、記憶スキャナーを発明しますが、謎の男に盗まれてしまいます。そんなルイスの前に、タイムマシンに乗ったウィルバーという少年が現れて、彼を未来の世界へ連れていくのです。

第126問

『ボルト』(2008)より

答え テレビスター

ジョン・ラセターが最初から企画に関わった、初の3DCG長編アニメーション作品。ボルトは、大人気テレビドラマの主人公を演じるスター犬です。高速で走り、目から光線を出し、衝撃波を起こす吠え声を響かせ、ヒロインのペニーとともに悪と戦うスーパードッグ。ボルトはそんなドラマの世界が、現実のものであると勘違いしていました。ある日、手違いからニューヨークに送られてしまったボルトは、ペニーのいるハリウッドまで、アメリカ大陸横断の旅をすることになります。

第127問

『プリンセスと魔法のキス』(2009)より

答え カエル

魔術師のファシリエに、カエルの姿に変えられてしまったナヴィーン王子。キスしてくれと頼まれたティアナは迷ったあげくキスを……。すると、自分もカエルになってしまったのでした!?　2人の記憶には共通点があったのです。ナヴィーン王子もティアナも幼い頃、「かえるの王子」の物語を読んでもらっていました。その物語では、王子はプリンセスのキスで人間に戻ります。ですからナヴィーン王子は、プリンセス姿のティアナにキスをしてほしいと頼んだのです。ティアナが仮装舞踏会で、プリンセスに仮装していただけとは知らずに……。一方、レストランを開く資金が足りずに困っていたティアナは、王子の、「キスをしてくれたらほうびをとらせてやる」というセリフを信じました。両親に勘当された一文無しの王子とは知らずに……。

↑富豪の娘シャーロットが貸してくれたドレスを着て、ティアナはプリンセス姿に。

第128問

『塔の上のラプンツェル』(2010)より

答え パスカル

ラプンツェルにとってパスカルは、唯一の友だちであり、良き理解者。彼女を助けて、さまざまな活躍をしています。ちょっと観察してみましょう。いつもラプンツェルと行動をともにしているので、ラプンツェルの肩や頭に乗っていることが多い。けれど、ラプンツェルが灯りを見にボートに乗ったときは、フリンの肩に!?　珍しい。フリンに心を許しはじめたのでしょうか。物語のラスト近く、ゴーテルに刺されて瀕死のフリンは、ラプンツェルの髪を鏡の破片で切り落とします。するとゴーテルは老婆の姿になり、悲鳴をあげながら歩きだすと同時に、床にあったラプンツェルの髪につまずき、塔から落ちていったのでした。実はこのとき、パスカルがラプンツェルの髪をくわえて持ちあげ、ゴーテルがつまずくように仕向けたのでした。

第129問

『くまのプーさん』(2011)より

答え スグモドル

↑"スグモドル"の想像図がコレ。英語だとBackson。back soon のこと。

しっぽをなくしてしまったイーヨーのために、仲間たちが代わりになるものを探します。そんななか、クリストファー・ロビンがいなくなり、置き手紙を読んだオウルは、クリストファーはスグモドルという怪物にさらわれたのだといいだします。プーさんたちは、スグモドルを捕まえようと、あれこれ知恵をしぼるのですが……。1977年の『くまのプーさん／完全保存版』の原点に戻るべく、ミルンの原作の別のエピソードなどを使いながら、新しく作りあげた作品。手描き風の画面が、私たちを100エーカーの森へいざなってくれます。アニメーションの中に何度も絵本の文字が出てくるのも、原点を意識したものです。

第130問

『シュガー・ラッシュ』(2012)より

答え ②ミンティ・サクラ

CGアニメーションの技術が進み、アメリカ以外の各国で映画が公開されるときに、いわゆる"ご当地"キャラクターが登場するようになりました。ミンティ・サクラは着物にかんざしで日本の装いです。アメリカ本国のオリジナル版ではMinty Zaki。肌の色が違い、リボンをつけています。①のタフィタ・マトンファッジ、③のキャンドル・ヘッドとともに、3人とも、お菓子の国のレースゲーム「シュガー・ラッシュ」のキャラクター。日本の原宿ガールをイメージして作られたそうですよ。④は、悪役キャンディ大王の従者サワー・ビルです。

←オリジナル版の映像でのMinty Zaki。中央、グリーンの髪にリボンをつけたキャラクター。日本語版と見比べてみて。

第131問 『アナと雪の女王』(2013)より

答え オラフ

　オラフは、エルサが魔法で作った雪だるま。自分を作ってくれたエルサとアナに無償の愛を注ぐ、子どものように無邪気でピュアな存在です。ハンス王子に閉じこめられ、寒さにふるえているアナの元にかけつけたのは、オラフでした。オラフはニンジンの鼻の先でドアの鍵を開け、自分の体が溶けてしまうのも顧みずに、急いで暖炉の薪に火をつけました。このときオラフは、「これが熱さなんだね。いい感じ」といっています。昔からずっと夏にあこがれているオラフらしいセリフですね！

第132問 『プレーンズ』(2013)より

答え 農薬散布

　『カーズ』を飛行機たちの世界に置き換えたようなアニメーションですが、ピクサーではなく、ディズニートゥーン・スタジオが製作した作品です。『カーズ』同様、多種にわたる個性的な飛行機たちが登場して、楽しませてくれます。田舎町の農薬散布機、ダスティが主人公。世界一周レースに出てチャンピオンになる、という夢を抱くダスティは、ほかの飛行機たちに馬鹿にされながらも、なんとか予選を通過。高所恐怖症という弱点を抱えながら、退役軍人のスキッパーの厳しい指導を受け、本番レースにのぞみます。

第133問 『プレーンズ2／ファイアー＆レスキュー』(2014)より

答え ブレード

　『プレーンズ』のヒットにより、早くも次の年に公開された第2弾。世界一周レースのチャンピオン・レーサーとして活躍していたダスティですが、ギアボックスの故障により、スピードが出せなくなってしまいます。レスキュー隊員への転身を決めたダスティは、ピストン・ピーク国立公園に向かい、厳しい訓練を受けることになったのです。そこにはレスキュー隊の基地があり、リーダーのブレードをはじめとする、勇敢な隊員たちが活動していました。

第134問 『ベイマックス』(2014)より

答え 鈴

ビッグ・ヒーロー・6

　2つの点を線で結んだ目を持つベイマックスの顔は、日本の鈴が元になりました。『ベイマックス』の原題は『Big Hero 6』。元となったのはマーベル・コミックの同名作品で、舞台は日本になっています。『ベイマックス』は、サンフランソウキョウという架空の街が舞台。アメリカの都市サンフランシスコと、日本の東京を融合させた街です。プロダクション・デザイナーのポール・フェリックスをはじめとする製作スタッフは、サンフランシスコと東京を取材旅行で訪れ、さまざまな要素を作品に取り入れました。日本的な要素としては "鈴" のほか、日本語が書かれた看板や鳥居のようなゲート、鯉のぼりを思わせるオブジェなど。日本人イラストレーターの上杉忠弘が製作初期に描いたデザインが刺激になったそうです。

第135問 『ベイマックス』(2014)より

答え モチ

　モチという名前の三毛猫は、本編にはほんの少しだけ登場します。飼い主のキャスは「ラッキー・キャット・カフェ」というお店を経営しています。猫好きなんですね。「この映画にはペットが必要だと思ったので、私はストーリーボードに1匹の猫を描き続けました」と、ストーリー・アーティストのケンドール・ホイヤーは、モチが生まれた経緯を語っています。モチはその後、『ベイマックス＆モチ』(2019)という、ゆる〜い短編シリーズで、かわいい姿を披露しています。

第136問 『モアナと伝説の海』(2016)より

答え 1000年

　風と海をつかさどる半神半人マウイは、母なる女神の島テ・フィティの、命を生みだすことができる "心" を盗みました。"心" は渦巻き模様がある緑の石です。モアナは、漂着した石だらけの孤島でマウイを見つけます。突然現れたモアナを自分のファンだと決めつけるマウイにあきれて、テ・フィティに "心" を返すようにと伝えると、マウイは聞く耳を持たないどころか、舟を奪って、1人で逃げようとするではありませんか！　マウイは泳げないんですね。もし泳げていたら、1000年ものあいだ孤島にいなかったでしょう。ちなみにタトゥーのミニ・マウイはマウイの分身で、マウイが悪いことをしようとするたびに引き止めます。

↑マウイは、やってきたモアナを、自分のファンだと思いこむ。

↑舟のオールに、得意げにサインをされてあきれるモアナ。

↑タトゥーのミニ・マウイ。マウイの筋肉の上で動き回る。

第137問

『ズートピア』(2016)より

答え ジュディのきょうだいの数

憧れの警察官になるために頑張ったうさぎのジュディは、生まれ育ったバニーバロウから大都会ズートピアへ行くことになります。両親は、娘が心配でたまりません。「パパとママと275匹の兄弟姉妹といっしょに、ニンジン作りをするのが世界のためになる」というパパのスチューも、ママのボニーも、大都会は怖いと思いこんでいます。「いちばん怖いのは、理由もなく怖がること」と、ジュディは、見送りにきた愛する両親をなだめてズートピア行きの列車に乗りこみます。お見送りのあとの愉快なエピソードは、『ズートピア＋』(2022)というオムニバス作品の「列車を追え！」で語られています。

第138問

『シュガー・ラッシュ：オンライン』(2018)より

答え Oh My Disney .com

Oh My Disney .comは実在したディズニーの公式サイトで、ディズニーの最新情報が網羅されていました。ゲームの世界を描いた『シュガー・ラッシュ』の続編である本作の舞台は、インターネットの世界。ヴァネロペは、「レリゴー、レリゴー♪」と、音楽が流れる"家族向きファンサイト"、Oh My Disney .comにやってきます。バズ・ライトイヤーがファンに挨拶し、イーヨーに話しかけられ、警備をする『スター・ウォーズ』シリーズのストームトルーパーに追いかけられて逃げこんだのが、「プリンセス専用」と書かれたゴージャスな一室。白雪姫やシンデレラ、ベルにラプンツェル……。ディズニープリンセスの楽屋というわけ！ マーベルキャラクターまで登場する数々のシーンに、公開当時、「ディズニー、ここまでやる？」と話題になりました。

↑Oh My Disney .comのエントランスは見たことのあるようなお城。

↑プリンセスたちはヴァネロペの服装を真似てカジュアルな服に！

第139問

『アナと雪の女王2』(2019)より

答え アートハラン

水の精霊、ノックに乗ったエルサは、凍った川、アートハランにたどりつきます。そこでエルサは、声の主が母のイドゥナ王妃だったことを知ります。そしてエルサは、自分が人と自然界をつなぐ、第5の精霊であることを確信するのでした。氷の世界で、閉ざされていた過去の記憶を次々とたどるエルサは、兵士といっしょに先を急いでいる祖父のルナード国王の姿を見かけます。祖父のあとをついていったエルサは、突然、体が凍りはじめました。と同時に、ルナード国王がノーサルドラのリーダーに剣を向けたのです！ エルサはこの恐るべき真相を、魔法の力でアナの元へ届けると、凍りついてしまったのでした……。

第140問

『ラーヤと龍の王国』(2021)より

答え 泳ぐ

主人公ラーヤが父と祖国を救うために探し求めた、伝説の最後の龍シスー。せっかく見つけたのに、シスーは魔法の力を失っており、おまけに誰でも信じてしまうお人好しでした。「(魔法じゃなくて)泳ぎが得意なんです。そこんとこよろしく」とペラペラしゃべるシスー。ラーヤは当てが外れてしまいますが、確かに水中の動きは素晴らしく美しく、龍らしい堂々たる姿でした。

第141問

『ラーヤと龍の王国』(2021)より

答え ブレイン（脳）

本作の舞台となるクマンドラは、昔はひとつの国でした。邪悪な魔物ドルーンが現れ、守護神の龍たちが石になってしまうと、残された人々は信じ合う心を失い、ハート（心臓）、ファング（牙）、スパイン（背骨）、タロン（爪）、テイル（尾）の5つの国に分かれました。この5つは、龍の体の部位を表しています。主人公ラーヤは、ハートの国の戦士です。

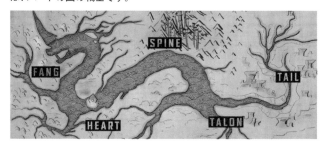

第142問

『ミラベルと魔法だらけの家』(2021)より

答え アントニオ

↑少年アントニオと、コロンビアの動物たちのシーンはかわいくて魅力的！

マドリガル家に生まれた子どもは、ある年齢になると、"ギフト"と呼ばれる魔法の力を与えられます。ミラベルのいとこアントニオは、動物と自由に話ができ、交流できる夢のような力を授かりました。共同監督の1人、ジャレド・ブッシュは、「この力が大好きでうらやましい」と語っています。ミラベルの姉イサベラとルイーサは、花の魔法と力の魔法、ミラベルのもう1人のいとこドロレスは、なんでも聴こえてしまう聴力の魔法を持っています。ミラベルは1人だけ、なんの力ももらえませんでした。

↑左から、力の魔法のルイーサ、ミラベル、花の魔法のイサベラ。

第143問

『ストレンジ・ワールド／もうひとつの世界』(2022)より

答え レジェンド

　1955年の『わんわん物語』以来、多くのディズニーアニメーションに関わってきたディズニー社の大ベテラン、バーニー・マティンソン(1935-2023)は本作の製作にも関わりました。ミーティングで、バーニーは「この物語には現実に根ざした生き物が必要だな。犬とか」といったそうです。バーニーは、栄誉あるディズニー・レジェンドに選ばれた1人。そこで、レジェンドという犬が誕生したのです。スプラットはストレンジ・ワールドの生物の名前、ドンは、本作の共同監督の1人、ドン・ホールの名前です。

↑3本の足ですばしこく動き回るレジェンドは、人懐こくて愛すべき犬。

ピクサーアニメーション編

Pixar Animation

第144問

『トイ・ストーリー』(1995)より

答え 「まいったな」

　アンディがごっこ遊びをしたあと、ベッドの上にぽんと放り出されたウッディが、起きあがってしゃべったのがこのセリフ。オモチャに命が吹き込まれた瞬間でした。ウッディは、背中のヒモを引っ張ると声を発するタイプのオモチャ。「手ぇ上げな」と、「俺のブーツにゃガラガラヘビ」は、内蔵音声のセリフ。「無限の彼方へ」は、相棒のバズ・ライトイヤーの決めゼリフ。

第145問

『トイ・ストーリー2』(1999)より

答え コニシ・オモチャ博物館

　コニシ・オモチャ博物館は日本に実在する、北原照久さんの"ブリキのおもちゃ博物館"がモデル。アルが電話をかけている相手、コニシさんは、ピクサー・アニメーション・スタジオに実在する日本人スタッフ、小西園子さんの名前からつけられました。ちなみに、選択肢のうちの"クサカ"は、ジェシーの日本語吹替版声優、日下由美さんの名前から。"ラウンドアップ"は、ウッディが出演していた昔のテレビ番組「ウッディのラウンドアップ」から。

第146問

『トイ・ストーリー3』(2010)より

答え イチゴの匂い

　『トイ・ストーリー』シリーズきっての悪役として名高いロッツォは、ピンク色でふわふわ、イチゴの匂いがします。1980年代にアメリカで大量生産されたオモチャがモデルだとか。ロッツォというキャラクターのアイデアは、『トイ・ストーリー』がまだ、短編『ティン・トイ』(1988)を基盤にしていた企画の最初のバージョンの頃に既にありました。何年も寝かされて、やっと登場となったわけです。ロッツォは悪事を働きまくったあとゴミ回収車に拾われて車のフロントにくくりつけられました。

第147問

『トイ・ストーリー4』(2019)より

答え ダッキー

　『トイ・ストーリー』『トイ・ストーリー2』で登場し、本作ではアクティブなキャラクターとして活躍するボー・ピープの古くからの相棒は、3匹の羊たち(といっても体はくっついていますが)。なぜ羊を連れているのでしょう？　それは、ボー・ピープが、イギリスで伝承されてきた童謡「マザーグース」にある「Little Bo Peep」が元になって作られているから。Little Bo Peepは、小さな羊飼いの女の子の名前なのです。ダッキーは、バズが出会うアヒルのぬいぐるみ。青いウサギのバニーと相棒で、毒舌コンビです。日本語吹替版は、お笑い芸人チョコレートプラネットのコンビが演じています。

第148問

『トイ・ストーリー』シリーズより

答え 『スター・ウォーズ』シリーズ

　『スター・ウォーズ』シリーズのダース・ベイダーことアナキン・スカイウォーカーと、ルーク・スカイウォーカーの父子関係のパロディです。1980年公開の映画『スター・ウォーズ　エピソード5／帝国の逆襲』で、ダース・ベイダーがルークを追い詰めて「私がおまえの父親だ」と、正体を明かす名場面。『トイ・ストーリー2』の冒頭で、バズとザーグが同じシーンを演じました。

*A*nswer

第149問

『バズ・ライトイヤー』(2022)より

答え 「さあ、行くぞ」

「無限の彼方へ、さあ行くぞ」は、オモチャのバズに内蔵されている音声です。『バズ・ライトイヤー』は、オモチャのバズのもとになった人間のスペース・レンジャー、バズの物語。バズにはアリーシャという親友がいました。どちらかが「無限の彼方へ」といって指を差し出すと、相手が「さあ、行くぞ」と、お互いの指先をタッチ。2人の友情の証の言葉だったのです。残りの選択肢「僕を信じろ」はアラジン(『アラジン』)、「カチャウ！」はライトニング・マックィーン(『カーズ』)、「ありのままで」はエルサ(『アナと雪の女王』)のセリフ。

第150問

『バズ・ライトイヤー』(2022)より

答え ソックス

ソックスは、アリーシャが親友のバズに贈った猫型の友だちロボット。四肢の先が、ソックスを履いているように白くなっています。キュートな外見に反して、おじさんっぽい声で無機質なしゃべりかた！　声の主は、『アーロと少年』『マイ・エレメント』の監督ピーター・ソーン。日本語吹替版は、お笑い芸人かまいたちの山内健司さん。

第151問

『バグズ・ライフ』(1998)より

答え バッタ

『トイ・ストーリー』で大成功をおさめた、ピクサー・アニメーション・スタジオによる、フルCG長編アニメーションの第2弾。イソップ童話の「アリとキリギリス」に着想を得た、虫たちの世界の物語です。主人公のフリックたち、アリがせっせと集めた食糧は、毎年やってくる、凶暴なバッタたちが奪っていきます。なんとかバッタたちに対抗しようと、フリックは助っ人探しに都会に向かいます。これぞと目をつけた虫たちを連れ帰るのですが、彼らはただのサーカス団員でした。

第152問

『モンスターズ・インク』(2001)より

答え 絶叫フロア

この絶叫フロアで、怖がらせ屋たちがどのように子どもたちを怖がらせるのかの手順を紹介しましょう。絶叫フロアの作動準備が完了したことを告げるアナウンスが聞こえてくると、アシスタントは持ち場につきます。①悲鳴を入れるボンベをセットする　②おどかす子どものレポートが挟まっているバインダーからカードキーを取る　③カードリーダーに通す　④天井にあるレールからその子どものドアが下りてくる　⑤「FIZT」ボタンを押すと解錠　⑥怖がらせ屋がドアを開けて入り、おどかしてはドアから出てくる

第153問

『モンスターズ・ユニバーシティ』(2013)より

答え 怖がらせ学部

どう見ても怖がらせ屋には向いていないマイクですが、猛勉強の末、モンスターズ・ユニバーシティのなかでも名誉ある学部、怖がらせ学部に入学します。本物の大学生になれたので大喜び！　最強の怖がらせ屋になることを目標に頑張ることにしました。図書館から借りた参考書には、眉毛の上げ方、口の開き方、舌の位置等、怖がらせるときのポイントが、イラストで事細かく説明されています。イラストどおりにやってみるマイクの歯には、矯正器具がはめられています。歯並びまできちんとしたいマイクの気持ちがうかがえます。真面目な学生だったんですね！　319号室のルームメイトは、同じ学部のランドール・ボッグス。この頃のランドールは、臆病な性格でした。

第154問

『ファインディング・ニモ』(2003)より

答え ダーラ

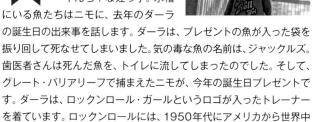

ダーラは歯医者さんのやんちゃな姪っ子。水槽にいる魚たちはニモに、去年のダーラの誕生日の出来事を話します。ダーラは、プレゼントの魚が入った袋を振り回して死なせてしまいました。気の毒な魚の名前は、ジャックルズ。歯医者さんは死んだ魚を、トイレに流してしまったのでした。そして、グレート・バリアリーフで捕まえたニモが、今年の誕生日プレゼントです。ダーラは、ロックンロール・ガールというロゴが入ったトレーナーを着ています。ロックンロールには、1950年代にアメリカから世界中に流行したポピュラー音楽の意味のほかに、「バカ騒ぎ」という意味もあったので、「お騒がせ少女」といったところでしょうか。大変なことになりそう！　マーリンは、ニモのパパ。ドリーは、ニモを捜しているマーリンに同行する、物わすれが激しい魚。ギルは、水槽のリーダーの魚です。

⬆②子どものレポートには、年齢、性別などのほかに、履歴や覚え書きなどが記されている。

左側縦書き：東京ディズニーリゾート　ウォルト・ディズニーと歴史　長編アニメーション　その他　ディズニー雑学

第155問 『ファインディング・ドリー』(2016)より

答え わすれんぼう

青いナンヨウハギのドリーが、ニモを捜しているマーリンと出会ってから1年後。ドリーは、グレート・バリアリーフのサンゴ礁で暮らしていました。そばには、マーリンとニモの寝床もあります。ある日ドリーは、自分に家族がいたことを思い出します。なんでも忘れてしまって不安になる自分を抱きしめてくれた両親。でもそのすぐあとに、ドリーは両親とはぐれてしまったのでした——。

マーリンとニモは、ドリーの両親を捜す旅に同行することにしました。2人には、ドリーが両親に会いたがっている気持ちが、身につまされるようにわかったからでしょう。

第156問 『Mr.インクレディブル』(2004)より

答え ミセス・インクレディブル

ミスター・インクレディブルことボブ・パーと、ミセス・インクレディブル(イラスティガール)ことヘレン・パーは、かつてスーパーヒーローとして活躍していました。けれど、並外れたパワーを恐れる人々が訴訟を起こし、政府はヒーローたちに、一般市民として暮らすよう命令したのです。結婚したボブとヘレンのあいだには、3人の子どもが生まれました。特殊能力を持つ子どもたちをなだめながら、一家はひっそりと暮らしていたはずでしたが、ボブが政府の極秘部門のスタッフと名乗る女性から仕事を引き受けたことが契機となり、事態が一変します……。ボブは怪力、ヘレンは体をゴムのように伸ばせる、長女ヴァイオレットは姿を消してバリアを張る、長男ダッシュは高速で走るといった能力を持っています。末っ子ジャック・ジャックは特殊能力がないと思われていましたが、物語の最後で、すごい能力を見せつけます。

第157問 『インクレディブル・ファミリー』(2018)より

答え スーパーヒーローの名誉回復

スーパーヒーローのパー一家とフロゾンは、戦闘で街を破壊したと警察に非難されてしまいます。そんなとき、通信会社CEOのウィンストンがボブたちに話を持ちかけます。ウィンストンは、亡き父とともにスーパーヒーローの大ファン。彼はヒーロー活動が法律で禁じられたことに心を痛めていました。そこで、妹が開発した小型カメラをスーパースーツに埋めこみ、ヒーローが活躍している現場を人々に見せて、彼らの名誉回復をしようと提案しました。そして、ヒーロー復活の初ミッションを、やる気満々のボブではなく、ヘレンに任せたのでした。過去のヒーロー活動による損害額は、ボブよりヘレンのほうがずっと少なかったからです。

第158問 『カーズ』(2006)より

答え 95

「95」は、ピクサーが世界初のフルCG長編アニメーション『トイ・ストーリー』を公開した1995年から取ったそうです。では、「A113」とは？　マックィーンの親友、メーターのナンバーです。そしてこれは、多くのピクサー作品で見かける番号。例えば、『トイ・ストーリー』のアンディのママの車のナンバーや、『ファインディング・ニモ』のダイバーのカメラについている番号にもなっています。ピクサー・アニメーション・スタジオの多くのアニメーターたちはカルアーツ(カリフォルニア芸術大学)の出身で、「A113」は、この大学の教室番号なのです。

↑『ファインディング・ニモ』のシーン。水中カメラの端にA113の数字が見える。

第159問 『カーズ2』(2011)より

答え 温泉

↑日本のトイレはモニターがしゃべる。

マックィーンは、世界各国を巡るレース、ワールド・グランプリに出場することになります。その最初の舞台となるのが日本。チーム・マックィーンはみんなで日本へ！　飛行機の中ではマックィーンとメーターが日本のゲームを楽しみ、到着すると、ピューッと水が出て女の子がモニターでしゃべるトイレや、日本食、歌舞伎、相撲、富士山、レインボーブリッジなどが次々に登場します。東京の街中の看板には怪しい日本語が満載。“ピクサー”の文字も見えますね。映画の製作スタッフは調査旅行で東京を訪れ、映画の設定にあるレース・コースや富士山近くまでも車で走って、リサーチ撮影を繰り返したそうです。

↑東京、夜の街。ネオンの看板が並ぶ。

第160問 『カーズ／クロスロード』(2017)より

答え テレビの解説者

シリーズ最初の『カーズ』で、マックィーンのライバルとして登場したチック・ヒックス。キングのレースを妨害してクラッシュさせて優勝したものの、観客からのブーイングが飛んだ、ピクサー作品としては珍しい“いやなヤツ”でした。そんな彼は(どんな汚い手を使ったのか知りませんが)、『カーズ／クロスロード』では自分のテレビ番組を持つ解説者になっています。「ようこそ私の番組へ」というセリフから始まる彼の番組で、台頭するハイテク・レーサーとマックィーンを比較する“いやなヤツ”ぶりは健在でした。

第161問

『レミーのおいしいレストラン』(2007)より

答え スープ

シェフに憧れる料理の天才、ネズミのレミーは、パリのレストラン「グストー」の厨房に紛れこみます。見習いの青年リングイニがこぼして台無しにしたスープが気になって、こっそり作り直しはじめます。生クリームを足し、ハーブやスパイスを次々に大鍋に放りこみ……。結果、スープは大好評！「グストー、味落ちたよね」といっていたお客たちはこぞってスープをオーダー。これが、レミーとリングイニの冒険の始まりでした。オムレツは、レミーが初めてリングイニの家で作ってあげた朝食。ラタトゥーユ（ラタトゥイユ）は、レミーがクライマックスに作る野菜の煮込みで、彼がのちに開く小さなレストランの名前でもあります。本作の原題も『Ratatouille』。これはrat（ネズミ）にちなんだタイトルになっています。

第162問

『レミーのおいしいレストラン』(2007)より

答え グストーの簡単中国料理

グストー亡きあと、レストランを仕切る料理長のスキナーは、「とても愉快な、笑える悪役」と、本作の監督ブラッド・バードは語っています。レストランの味が落ちたのも、儲け主義のスキナーのせい。そんな彼が、グストーの名前で、レンジでできるインスタント食品や冷凍食品を開発しようとしています。広告代理店のフランソワが、「作るのも、食べるのも、グストーの中国料理ならどれも簡単」と、宣伝文句を披露すると、ご満悦のスキナーはにんまり！それにしても、高級レストランにふさわしい腕はなくても、スキナーの商品開発センスは悪くないかもしれません。グストーの簡単な中華やアメリカン・ドッグなら、ちょっと食べてみたいかも？

第163問

『ウォーリー』(2008)より

答え 「日曜は晴れ着で」

「日曜は晴れ着で」は、1969年のミュージカル映画『ハロー・ドーリー！』のナンバーで、孤独なロボット、ウォーリーの物語にノスタルジックな趣を加えています。ウォーリーは、自分の住処にしている古いトラックの中で、『ハロー・ドーリー！』のビデオを繰り返し観ながら、人間らしい感情への憧れを強めているのです。
「ベラ・ノッテ」は『わんわん物語』、「ライオンは寝ている」は『ライオン・キング』、「好きにならずにいられない」は『リロ＆スティッチ』に登場する音楽です。

第164問

『ウォーリー』(2008)より

答え ④

白い流線型のボディを持ったイヴは、植物探査機ロボット。その美しさに、ウォーリーは一目惚れでした。①は、アクシオム艦のお掃除ロボット、モー。②はアクシオム艦の警備責任者ロボット、ゴーファー。③はアクシオム艦のメンテナンスロボット、バーニー。バーニーは本作のスピンオフの短編『バーニー』(2008)の主人公です。

本作のロボットたちの"声"を作ったのはベン・バート。『スター・ウォーズ』シリーズのドロイドR2-D2の声を手掛けたサウンドデザイナーです。

第165問

『カールじいさんの空飛ぶ家』(2009)より

答え 8歳

8歳のラッセル少年は、自然探険隊第54団第12班の隊員です。いろいろな功績を証明する自然探険隊のバッジで、ひとつだけ足りないものがありました。それは「お年寄りお手伝いバッジ」です。そのバッジをもらえば、ラッセルは上級隊員になれます。ですから、なにか手伝えることはないかと、カール・フレドリクセンさんのところにやってきたのでした。体よく追い返されてしまいましたけどね。翌日、膨大な数の風船でカールじいさんの家は飛び立ちました。なんとラッセルも道連れに！ ラッセルは探険隊員らしく、望遠鏡機能搭載の双眼鏡、テント、ロープ、ラッパ、食器、カップ、捕虫網、スコップ、包帯、チョコレート等を装備しています。

第166問

『メリダとおそろしの森』(2012)より

答え お母さんにタペストリーをかけ、愛を伝えた

魔女はメリダに、熊になったエリノア王妃を元の姿に戻したければ、2度目の日の出を迎えるまでに、絆を繕うようにいいます。その言葉を聞いて、自分が裂いてしまった母のタペストリーを繕うことだと思ったメリダは、タイムリミットの直前に、なんとかタペストリーを繕い終えます。そして熊の母にタペストリーをかけ、反発してきたことへの許しを請い、自分をいつも支えてくれていたことに感謝の気持ちを伝えたのでした。すると、王妃は人間の姿に戻ることができたのです。王妃もメリダに厳しくしすぎたことを深く反省し、2人は互いに認め合う母子になりました。

第167問 『インサイド・ヘッド』(2015)より

答え **イライラ**

本作は、11歳の女の子ライリーの頭の中にある5つの感情が主人公。それぞれの感情を象徴したルックスになっています。ヨロコビは輝く星、カナシミは涙、イカリは耐火レンガ、ムカムカはライリーが嫌いなブロッコリー（日本語版ではピーマン）、ビビリはクネクネした神経線維。納得できますね！　というわけで、イライラというキャラクターは登場しません。監督は、『モンスターズ・インク』のピート・ドクター。実は、『カールじいさんの空飛ぶ家』でエリーの少女時代を演じた監督の娘さんの変化が、本作が生まれるきっかけ

になりました。7歳の頃はおてんばだった娘が、11歳になって思春期を迎えると不機嫌に。娘の頭の中で、なにが起きているのだろう？　という監督の疑問から、本作が誕生しました。

第168問 『アーロと少年』(2015)より

答え **スポット**

スポットは人間の少年の名前で、アーロは恐竜の名前です。本作は、進化して言葉を持った恐竜たちの世界の物語。人間は進化せずに言葉を持たない種族となりました。アパトサウルスのアーロは、川に流されて迷子になり、1人でたくましく生きる人間の少年と旅することになります。「スポット」と

呼ばれて彼が振り向いてから、アーロは彼をそう呼ぶようになりました。犬のように吠え、噛み付き、獲物を狩って生きるスポットと、弱虫だった恐竜アーロは次第に友情を育んでいきます。

第169問 『リメンバー・ミー』(2017)より

答え **ココ**

『リメンバー・ミー』の原題は『Coco』。物語の要となる、ミゲルのひいおばあちゃんの名前です。死者の国に迷い込んだミゲルは、大好きなひいおばあちゃんにまつわるリヴェラ家の秘密を知ることになるのです……。「リメンバー・ミー」は、物語のテーマソング。『アナと雪の女王』の大ヒット曲を手掛けたロペス夫妻──

ロバート・ロペスとクリステン・アンダーソン＝ロペス──が作りました。世界中の涙を誘ったこの曲は、アカデミー賞歌曲賞を受賞しています。

第170問 『リメンバー・ミー』(2017)より

答え **渡辺直美さん**

20世紀のメキシコを代表する画家フリーダ・カーロは、死者の国で楽しく暮らしているようです。彼女が考案中の演出にアドバイスしたミゲルは、「あなた、芸術家の魂を持ってる」と褒めてもらいます。渡辺直美さんの声はフリーダにぴったり！

松雪泰子さんは本作で、ミゲルの御先祖ママ・イメルダの吹替を（こちらもぴったり）。八代亜紀さんは『ファインディング・ドリー』で海洋生物研究所のアナウンスを。オリジ

▲ママ・イメルダはミゲルに厳しい。

ナル版ではなんと、シガニー・ウィーバーがアナウンスを担当するという超贅沢なキャスティングをしていますから、大御所歌手の八代さんはハマり役でした。近藤春菜さんは、『2分の1の魔法』で、外見がそっくりのキャラクター、ローレル・ライトフットの吹替をしています。

▲ローレルの顔は近藤さんにそっくり！

第171問 『2分の1の魔法』(2020)より

答え **エルフ**

物語の舞台は、便利な世の中になったため、魔法を使う人がほとんどいなくなってしまった魔法の世界。イアンのようなエルフや、ドラゴン、ユニコーンなどが共存しています。

イアンの母ローレル・ライトフットの恋人は、半人半馬のケンタウロス、コルト・ブロンコ巡査。ライトフット家のペットは小さなドラゴンのブレイジー。ファミレスの経営者は、ライオンの体とコウモリの翼、サソリの尾を持つマンティコアのコーリー。

コルト・ブロンコ　　ブレイジー　　コーリー

第172問 『2分の1の魔法』(2020)より

答え **魔法の杖**

イアンの16歳の誕生日。イアンの母ローレルは、兄弟2人に、魔法の杖と不死鳥の石、そして復活の呪文が書かれたメモを渡します。亡き夫ウィルデンから託されたのです。グウィネヴィア（グウィネヴィア号）は、イアンの兄バーリーの愛車。魔法は使えないけど魔法オタクのバーリーは、「アーサー王伝説」の姫君の名前をつけているのです。

第173問

『ソウルフル・ワールド』(2020)より

答え ピアノ

　ニューヨークで中学の楽団の先生をしているジョー・ガードナーの夢は、ジャズ・ミュージシャンになること。あるとき、有名なサックスプレイヤーのドロシア・ウィリアムズのカルテットに加えてもらうことになって有頂天のジョーでしたが、突然マンホールに落っこちて!?　『ソウルフル・ワールド』は、アカデミー賞長編アニメーション賞と作曲賞を受賞しました。本作の要となったのはジャズ音楽。監督のピート・ドクターは授賞式の壇上で「この作品はジャズへのラブレターです」と語りました。ジョーの、魂のこもったジャズピアノは深い感動を呼び起こします。というのも、本作の文化コンサルタントを務めたのは、世界有数のジャズ・ピアニストであるアーティストのジョン・バティステ。ジョーがピアノを弾く手は、ピアノを弾くバティステの手を忠実にアニメートしているそうです。

第174問

『ソウルフル・ワールド』(2020)より

答え 22番

　地球に生まれる前のソウルたちが暮らす魂の世界。ジョーは、その世界に迷いこみ、22番という魂に出会います。22番は、何百年もの間、生まれることを拒否している魂でした。魂たちは、メンターと呼ばれる指導者といっしょに、自分の心に火をつける"きらめき"を見つけ出してから地上へと向かうのです。22番は、モハメド・アリやマリー・アントワネット、マザー・テレサなどの偉人たちがメンターを務めましたが、全員さじを投げてしまった問題児でした。ジョーは、22番が"きらめき"を見つける手伝いをすることになり、振り回されます。

↑22番とモハメド・アリ。　　↑22番とマリー・アントワネット。

第175問

『あの夏のルカ』(2021)より

答え ジュリア

　ルカとアルベルトはシー・モンスター。人間のふりをしてポルトロッソの町に上陸します。ジュリアは、彼らがトライアスロンレースのチームを組むことになった人間の少女。ジュリアは夏の間だけ、ポルトロッソに住む父マッシモのもとで過ごし、レースの優勝を狙います。マキャヴェリは、マッシモの猫。ルカたちの正体に気づいています。

ジュリア

第176問

『あの夏のルカ』(2021)より

答え 皮膚を乾かす

　水から出て皮膚が乾くと人間になり、水をかけられると濡れた部分はシー・モンスターに!?　本作の主人公は、イタリアの海中で暮らすシー・モンスター。ルカとアルベルトは、人間の姿でジェラートを食べ、なんておいしいんだ！　と感激します。ちなみに、シー・モンスターの姿のルカの体には、3436枚のウロコがあるそうです。

第177問

『私ときどきレッサーパンダ』(2022)より

答え 感情がコントロールできないとき

　ある朝起きたら、巨大なレッサーパンダに変身していたメイことメイリン・リー。なぜ!?　とパニクるメイでしたが、どうやら、感情がコントロールできないときに変身してしまうらしいということがわかってきます。本作の監督は、中国系カナダ人ドミー・シー。自分自身と母との関係を映画に投影したという彼女は、「思春期を迎えた女の子の映画で、レッサーパンダへの変身は、彼女に、自分の内部にある葛藤に気づかせることになります」と語っています。ちなみに、ドミー・シーの監督デビュー作は2018年に公開された短編『Bao』。タイトルの通り、お母さんが作る中華まんの物語です。『私ときどきレッサーパンダ』にも、肉まんをはじめとする美味しそうな中華料理がたくさん登場します。こちらはお父さんが作っていますけどね。

第178問

『私ときどきレッサーパンダ』(2022)より

答え 4★TOWN

　4★TOWNは、アイドル5人グループ（4人ではありません）。メンバーの名前は、アーロンTとアーロンZ、ロベール、テヨン、ジェシーです。4★TOWNの楽曲は、これまた世界的なアーティストでありグラミー賞も受賞した歌姫ビリー・アイリッシュと兄のフィニアス・オコネルによるもの。世界的人気の4★TOWNなので、声の主たちもジョーダン・フィッシャーやフィニアス・オコネルら実力者ぞろいです。日本語吹替も、アイドルグループDa-iCEの5人が務めています。

その他 ディズニー雑学

『　』はディズニー映画またはディズニー・ピクサー映画のタイトルです。

第179問

『ちいさなプリンセス ソフィア』(2012)より
答え エンチャンシア

　ソフィアは、靴職人のお母さんと、魔法がいっぱいの王国、エンチャンシアで暮らしています。ある日、お母さんとソフィアは、国王のローランド2世に頼まれた靴を持って、お城へ行きました。その靴は、国王の足にぴったりで、履き心地も最高でした。国王にすっかり気に入られたお母さんは、国王と結婚してミランダ王妃となり、ソフィアはプリンセス・ソフィアになったのです。普通の女の子がいきなりプリンセスになったので、ソフィアにとってお城での暮らしは、戸惑うことばかりでした。

第180問

『ミッキーのクリスマスキャロル』(1983)より
答え ボブ・クラチット

　イギリスの文豪チャールズ・ディケンズの名作「クリスマス・キャロル」をアニメーション化した、中編アニメーション。ディズニーキャラクターたちが、小説の登場人物をみごとに演じています。スクルージ・マクダックは主役の強欲な金貸しを、ミッキーはスクルージの事務員ボブ・クラチットを。もちろん、ミニーやドナルドやデイジー、グーフィーも、重要な役どころで出演していますよ。

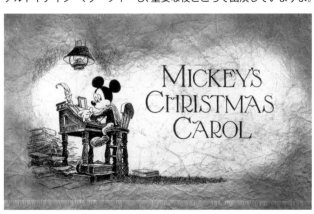

第181問

答え ぴったりの声優が
見つからなかったから

　『白雪姫』の製作資料を見ると、「こびとたちのなかで唯一、ドーピーがしゃべらないのは、ぴったりの声を見つけることがどうしてもできなかったため」と書いてあります。ドーピー役としてテストを受けた声優たちはみんな、ドックの声に似すぎているとされ、採用されませんでした。映画のなかでも、ドーピーがしゃべらない理由については詳しく説明されていません。セリフはなくても、ドーピーは多くのファンに愛されるディズニー・キャラクターで、のんびりとした愛嬌たっぷりの性格は、顔の表情や身振り手振りから充分に伝わってきます。

第182問

ディズニーストア問題より
答え 1992年

1992年11月26日、渋谷公園通り店グランドオープンのときの写真。

　日本1号店が横浜・本牧にオープンしたのは、1992年8月21日。同年には東京・渋谷公園通り店もオープンし、日本のさまざまな都市にディズニーストアが誕生しました。1987年は、カリフォルニアに世界1号店のディズニーストアが誕生した記念すべき年、1997年は日本上陸5周年、2002年は日本上陸10周年のアニバーサリーイヤーです。

Answer

第183問

ディズニーストア問題より

答え ルードヴィッグ・ヴォン・ドレイク

ルードヴィッグ・ヴォン・ドレイクは、ミッキーたちが通う学校「Disney University」の教授で、研究熱心で人気者。ドナルドのおじさんでもあります。クックモア・ダックはドナルドのお父さん。ガス・グースはドナルドのいとこのガチョウ。スクルージ・マクダックはドナルドのおじさん。全員、ドナルドを中心とした「ダックファミリー」(ドナルドの家族や親戚)です。

第184問

ディズニーストア問題より

答え ファンタジアの中庭

お城の入り口にふさわしく、1階の店内は、白い石造りの中庭をイメージ。壁にはキャラクターたちの白い石像が飾られ、天井からは青空を見ることができます。2階は、シャンデリアやステンドグラスで宮殿らしさを表現。3階は、ウェンディのお部屋、『トイ・ストーリー』のアンディのお部屋などディズニーアニメーションの世界のような空間です。

第185問

答え テレビ番組で出演者がかぶった

イヤーハットは、もともと"ウォルト・ディズニーの公式ミッキーマウス・ハット""マウス・キャップ""マウス・イヤーズ"といった名前で呼ばれていたもので、ベネイ=アルビー・ノベルティ・カンパニーが初めて商品化しました。最初はテレビ番組「ミッキーマウス・クラブ」(1955年10月より放送開始)のなかでマウスケティアたちがかぶり、番組の大ブームの最中に販売が始まったものと考えられています。ディズニーのストーリー・アーティスト兼ギャグマンで、"ビッグ・ムースケティア"として番組にも出演していたロイ・ウィリアムズが最初にデザインしたのは、ミッキーマウスの特徴的な耳がついたシンプルな帽子でした。同僚のディズニー・アーティストによると、ロイは1929年の短編アニメーション『カーニバル・キッド』でミッキーマウスが耳をひょいと持ちあげ、ミニーマウスに挨拶するのにインスピレーションを得て、この帽子をデザインしたといいます。

第186問

答え 約9000枚

ウォルト・ディズニー・アーカイブスのフォトグラフィー・コレクションズは膨大で、ディズニーの映画やテレビ番組、パークなどに関する2500万枚以上の歴史的な写真を保存しています。どれも書籍や記事、展示、記録映画にとって非常に貴重な資料となるもので、とりわけ興味深いのはウォルト・ディズニー本人を撮った写真のコレクション。その数は、なんと9000枚近く。ウォルトの全人生を記録に留めたもので、本人が生まれる前の家族写真から、1966年に亡くなるまでの姿が収められています。ウォルトの生前、歴史的資料の所蔵庫を作るという話はまだなかったはずですが、ウォルトと兄のロイには先見の明があり、それぞれの仕事や旅の様子を写真で記録していました。

第187問

答え ②スペース・マウンテン

1971年、ディズニー・レジェンドのジョン・ヘンチは、イマジニアの仲間とともに、ウォルト・ディズニー・ワールド・リゾートに新設するアトラクションの案を考えていました。そのとき、脳裏をかすめたのが、1964年にウォルト・ディズニーが抱いていた夢のような構想。それは宇宙旅行を疑似体験できるようなアトラクションでしたが、当時の技術力では作ることが難しく、実現には至りませんでした。ウォルトが作りたかったのは、ローラーコースター型のライドで暗闇の中を走るという、前例のないもの。照明も精密に制御して、内部の壁に投影する映像は動くようにしたかったといいます。ヘンチが1965年に描いたイラスト数枚、そしてディズニー・レジェンドのハーブ・ライマンとともに1967年に製作したコンセプト・スケッチを足がかりにイマジニアたちは開発に乗り出し、ウォルトの着想から10年以上を経て、1975年、マジックキングダム・パークに「スペース・マウンテン」が完成しました。

第188問

答え 1987年

円盤状の金属にプレス加工で模様をつけるスーベニアメダルの技術自体は100年以上前からあるものですが、ディズニーパークに初めて登場したのは1987年。ディズニーランド・パークに登場した当初の見本は今のものとあまり変わらず、人気のディズニー・キャラクターたちが描かれています。最初に作られたデザインは、ミッキーマウスの顔を中心にして、背景には線が放射状に広がり、上にDisneylandという文字が入っていました。以降、ディズニーランドのスーベニアメダル・マシンは、500種を超えるデザインを生みだしています。

第189問

答え ドーピー（『白雪姫』）

ドーピーの出演が検討されていたのは、ポール・デュカスの曲をテーマとした「魔法使いの弟子」のシーン。どちらかといえば技巧的と見なされる曲であるため、製作陣は、このシーンには幅広い層の観客に訴えかけるようなキャラクターを登場させたいと考えていました。そこで、先だって成功を収めた『白雪姫』のドーピーが候補となりました。ウォルトに打診すると、親しみやすいキャラクターの登用については同意を得られたものの、『白雪姫』から誰かを借りてくるという点については却下。最終的には、"普通の人"の象徴であるミッキーマウスこそ適任だと、ウォルト自ら配役を決めました。ドーピーの出演は叶わなかったものの、このシーンのミッキーの衣装のデザインや動き方には、どことなく『白雪姫』のドーピーの衣装を思わせるところがあります。

第190問

答え 1994年

ディズニー作品をブロードウェイで上演しようというアイデアは、ウォルト・ディズニー・カンパニーの元CEO、マイケル・アイズナーとウォルト・ディズニー・スタジオ元会長のジェフリー・カッツェンバーグが共有していた構想でした。1991年、ウォルト・ディズニー・アニメーション・スタジオがアニメーション映画『美女と野獣』を公開すると、たちまち観客や批評家を魅了。この映画の成功が後押しになって、アイズナーは、ディズニーの世界を劇場に広げる計画を実行しました。ステージミュージカル版「美女と野獣」は、1994年4月にニューヨークでオープンするやいなや批評家から絶賛されました。

第191問

答え 『くまのプーさん』のカンガ

『アナと雪の女王』（2013）『アナと雪の女王2』（2019）『リメンバー・ミー』（2017）の大ヒット曲を手掛けた、ロバート・ロペスとクリステン・アンダーソン＝ロペス夫妻。実は、2011年の『くまのプーさん』の音楽も担当していたんです。それにしても妻のクリステンが、カンガの声も担当しているとは、本当にお茶目ですわ！

第192問

答え 「コンパス・オブ・ユア・ハート」

「コンパス・オブ・ユア・ハート」は、東京ディズニーシーのアトラクション「シンドバッド・ストーリーブック・ヴォヤッジ」のテーマ曲。これを、アカデミー賞常連の世界的作曲家アラン・メンケンが担当しているとは、なんてゴージャス！メンケンが日本でコンサートを開催する際にこの曲を弾いたら、日本のファンは拍手喝采！それ以来、メンケンは日本ではこの曲をプログラムに取り入れるようにしたそうです。

←↑上から左回りに「キス・ザ・ガール」「ホール・ニュー・ワールド」「カラー・オブ・ザ・ウィンド」のシーン。

第193問

答え ②「レット・イット・ゴー ～ありのままで～」

2010年代になると、アラン・メンケンの曲を聴いて育った次世代のソングライターたちが台頭しはじめます。『アナと雪の女王』の楽曲を担当したロペス夫妻もそう。「レット・イット・ゴー～ありのままで～」を歌って一世を風靡（ふうび）したのは、エルサを演じた歌姫イディナ・メンゼル。歌曲賞（主題歌賞）を受賞したアカデミー賞の授賞式（2014）でも同曲を熱唱しました。イディナは、ディズニーの実写＋アニメーション作品『魔法にかけられて』（2007）と続編の『魔法にかけられて2』（2022）で、キャリアウーマンのナンシー役で出演。続編ではすばらしいバラードを披露しています。これらの作品の楽曲を担当したのはアラン・メンケンですから、イディナは新旧両世代のディズニーソングを歌っているというわけです。

ディズニーの記念日と四季

Disney FAN Challenge

Anniversary

2月22日はディズニーマリーの日、3月2日はミニーマウスの日。
ディズニーには、いろいろな記念日があるんです。
ディズニーのかわいいアートとともに
1年間の予定を見てみましょう。

1月 January

Snow season

お正月

1/9 デイジーダック
デビュー(1937)

1/16 ヒーローの日

2月 February

Valentine's Day

I love you

Just one KISS

2/6 ディズニー
ツムツムの日

2/14 バレンタインデー

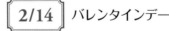

2/22 ディズニー
マリーの日

3月 March

Spring is coming

Fairy Wings are always in style

イースター

※2024年は
3/31

3/2	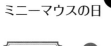
ミニーマウスの日	

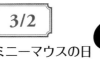

3/3	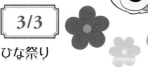
ひな祭り	

3/14	ホワイトデー	

3/18	
ディズニー
ツイステッド
ワンダーランド
配信日(2020)	

4月 April

New School Year

4/2	チップ&デール デビュー（1943） 	4/12	ディズニーランド・パリ グランドオープン （1992） 	4/22 アースデイ 
		4/15	東京ディズニーランド グランドオープン （1983） 	

5 月 May

BETTER together

Just for you

MOTHER'S DAY

母の日

5/4
スター・
ウォーズの日

5/5
こどもの日

5/25
グーフィー
デビュー(1932)

6 June 月

Rainy season

父の日

6/6

東京ディズニーシー
「ファンタジー
スプリングス」
オープン（2024）

6/9

ドナルド
ダック
デビュー
（1934）

6/16

上海ディズニーリゾート
グランドオープン
（2016）

6/26 スティッチ
の日

YOU ME AND THE SEA

7月 July

海の日

7/7　七夕

☆　　☆

7/17

ディズニーランド・リゾート
グランドオープン
(1955)

7/30

国際フレンドシップデー

8月 August

はちみつの日

Hunny day

夏休み

MICKEY & MINNIE

HOLIDAY TIME!

8/3

はちみつの日

8/21

ディズニーストア
日本上陸
（1992）

9月 September

Moon viewing

敬老の日	**9/4**	
秋分の日	東京ディズニーシー グランドオープン (2001)	

9/5	ライトニング・ マックィーンデイ	
	プルート デビュー(1930)	
9/12	香港ディズニーランド・ リゾート グランドオープン(2005)	

10月

October

TRICK OR TREAT!

スポーツの日	10/1	ウォルト・ディズニー・ワールド・リゾート グランドオープン (1971)

	10/14	くまのプーさん 原作デビューの日 (1926)

	10/16	ウォルト・ディズニー・ カンパニー 創立記念日 (1923)

10/31	ハロウィーン

11月

November

Autumn leaves season

11/3 文化の日

11/18

ミッキーマウス、
ミニーマウス
デビュー（1928）

11/23

勤労感謝の日

12月

December

12/5	ウォルト・ディズニー 誕生日 (1901)
12/15	ウォルト・ディズニー 命日 (1966)
12/24	クリスマス・イブ
12/25	クリスマス
12/31	大晦日 <small>おおみそか</small>

MERRY CHRISTMAS

you lovely bunch!

Holiday Magic

もっと、ディズニーについて
知りたい人のための本

講談社で発行しているディズニーの書籍や雑誌は、すべてディズニー公式です。
「ディズニーファン・チャレンジ」の参考書となったものを含む33冊をご紹介します。

絵本・おはなしの本

ディズニーの まんがえほん
WALT DISNEY'S
ミッキーマウス／
ドナルド・ダックのきしゃあそび

昭和25年創刊「ディズニーの まんがえほん」シリーズから「ミッキーマウス」「ドナルド・ダックのきしゃあそび」を復刻しました。ミッキーやドナルドの活躍をお楽しみください。

東京ディズニーリゾートに行きたくなる 17のおはなし

東京ディズニーリゾートで大人気のアトラクションや施設には、元になったディズニー映画があるのです。『ピーター・パン』『ダンボ』『ピノキオ』など、17の名作を収録。

保存版 ディズニー おはなしだいすき プリンセスコレクション

大人気のディズニープリンセスたち、白雪姫、シンデレラ、オーロラ姫、アリエル、ベル、ジャスミン、6人の物語を一冊に集めています。細部まで語られた本書は愛蔵の価値あり。

みんながみている にんきのえいが 10話

ディズニーの映画作品から、『アナと雪の女王』『トイ・ストーリー』『リトル・マーメイド』『ズートピア』など、ポピュラーな作品を厳選。映画のシーンで物語を構成しています。

ピーター・パン 世界につながる ディズニーストーリー

塔の上のラプンツェル 世界につながる ディズニーストーリー

アナと雪の女王 世界につながる ディズニーストーリー

トイ・ストーリー 世界につながる ディズニーストーリー

世界中で読み継がれてきたディズニーの名作を、大きな絵で楽しめます。本文には、小学1年の漢字（ふりがなつき）を使用しているので、ひとり読みの練習にも最適です。

ピノキオ
ディズニーゴールド絵本ベスト

プーさんとはちみつ
ディズニーゴールド絵本ベスト

ふしぎの国のアリス
ディズニーゴールド絵本ベスト

カーズ
ディズニーゴールド絵本ベスト

数あるディズニーアニメーションのなかから、特におすすめしたい作品を厳選したシリーズです。
初めてお話にふれるお子さんに、読み聞かせをするのにぴったりです。

キャラクターやクイズの本

最新版 ディズニー 全キャラクター 大事典
講談社／編

最新版 ディズニー サブキャラクター 700大事典
講談社／編

ちょっとしたキャラクターも、ディズニー映画では不思議と印象に残ります。そんなサブキャラクターたちを、700も掲載。これを読むと、出演シーンを確認したくなりますよ。

ディズニー アニメーション トリビアクイズ
ディズニーファン編集部／編

ディズニー映画に登場する主役から名脇役まで、300のキャラクターを紹介。DVDやディズニープラス、テレビ放送などで、ディズニー映画を観る時に、とても役立つこと間違いなしです。

ディズニー 100クイズブック
講談社／編

ディズニー長編アニメーションについてのクイズブックです。『アナと雪の女王』『ベイマックス』ほか、全部で100問以上のボリューム。クイズを解く楽しさを満喫できます。

ディズニーやピクサーのアニメーション全般から、181問のクイズを出題。Q&Aが交互に掲載され、大人が読みやすいハンディサイズだから、待ち時間に読むのにもぴったりです。

ディズニープリンセス 100クイズブック
講談社／編

アリエル、ラプンツェル、ベル、シンデレラ、白雪姫をはじめ、全部で12人のプリンセスたちのクイズを100問以上収録。答えの解説がとてもわかりやすく、読みごたえたっぷり。

深掘りするための本

ウォルト・ディズニー 創造と冒険の生涯 完全復刻版
ボブ・トマス／著　玉置悦子、能登路雅子／訳

ウォルトの祖先から説き起こし、映画会社を起こして苦労を重ねて成功し、彼が亡くなった後に、兄のロイが弟の夢だったパークをフロリダにオープンするまでを描いた、伝記の決定版です。

ウォルト・ディズニー 夢をかたちにする言葉
講談社／編

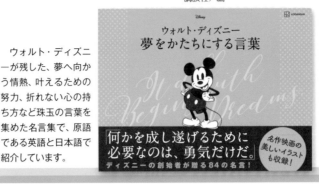

ウォルト・ディズニーが残した、夢へ向かう情熱、叶えるための努力、折れない心の持ち方など珠玉の言葉を集めた名言集で、原語である英語と日本語で紹介しています。

ミッキーマウス 90のひみつ
講談社／編

ミッキーに関する秘密を、広く知られていることから、あまり知られていないことまで、映画はもちろん、パークやグッズ、仲間たちについて、90も掲載。ミッキー通になれます。

ディズニー・ヴィランズのすべて ディズニー・ヴィランズ完全ガイドブック
グレン・デイキン、ビクトリア・サクソン／作

怖いけれども、憎めない一面もあり、人気が高いディズニー・ヴィランズたち。アースラ、ジャファー、マレフィセント、フック船長、ガストン、クルエラ・ド・ビルなど、勢ぞろい。

くまのプーさん FAN BOOK
ディズニーファン編集部／編

歴史もキャラクターも物語も、全部わかる！A.A.ミルンの原作から、ディズニーが製作したアニメーション『くまのプーさん』まで、プーの魅力を完全網羅。かわいくて美しいビジュアル満載の、プー初のファンブックです。

ディズニーアニメーション 大全集　新装改訂版
ディズニーファン編集部／編

短編も含むピクサーとディズニーアニメーションを、2021年の『ラーヤと龍の王国』まで網羅したディズニー映画のバイブル。キャラクターの英語名つきの役立つ索引も特徴。箱つきの美しい装丁で、ギフトにも最適です。

『トイ・ストーリー』から貴重な短編まで ピクサー アニメーション大全集
ディズニーファン編集部／編

スタジオの成り立ちから2022年の『バズ・ライトイヤー』までを網羅した、ピクサー作品のバイブル。ディズニーパークのアトラクションや、ディズニーホテルも掲載。ピクサーらしいスタイリッシュな装丁も魅力です。

月刊 ディズニー ファン

1990年に創刊された、日本で唯一の大人向けディズニーのオフィシャルマガジン。テーマパーク、映画、グッズなど、ディズニー情報を発信しています。毎月25日ごろに発売。

東京ディズニーリゾートの本

もっと知りたい！東京ディズニーランド くわしすぎる大図鑑
講談社／編

今までにないぐらい、東京ディズニーランドを詳しく解説。しかも、大きなビジュアルに解説を組み込んでいるので、わかりやすい。今までと違ったパークの景色が見えてきます！

東京ディズニーリゾート クロニクル40年史
ディズニーファン編集部／編

40周年を迎えた東京ディズニーリゾートの記念本。1983年から2023年まで、40年の歴史をたどります。パークマップの変遷やポップコーンバケットの歴史など、コラムも充実。

Disney Supreme Guide 東京ディズニーランド ガイドブック with 風間俊介
Disney Supreme Guide 東京ディズニーシー ガイドブック with 風間俊介
風間俊介／特別編集協力
講談社／編

風間俊介さんと、パークを一緒に歩いているような気分になる人気シリーズ。風間さんが解説してくれる、注目ポイントのコラムを読むと、もっとパークが好きになります！

東京ディズニーリゾート アトラクション ガイドブック2023
ディズニーファン編集部／編

2つのパークのアトラクションを網羅して、フルに楽しむためのガイドブック。表紙の衣装のミッキーのポストカードと、パークマップつき。

東京ディズニーリゾート トリビアガイドブック 2023-2024
ディズニーファン編集部／編

パークのトリビアを集めた、クイズ形式中心のガイドブック。表紙のミッキーの写真を使った、オリジナル3Dポストカードつき。

東京ディズニーリゾート レストランガイドブック 2023-2024
ディズニーファン編集部／編

2つのパークとディズニーホテルのレストランを全紹介。シェフのインタビュー、レストラン俯瞰マップなど、オリジナル企画も満載。

東京ディズニーリゾート 魔法のディクショナリー 英語と文化の深掘りガイド
関口英里／監修
ディズニーファン編集部／編

看板やポスターなど、パーク内の「英語」の表記に注目して、ディズニーの奥深い世界をガイド。詳しい解説でマニア心をくすぐる、今までにないガイドブックです。

まだまだ、こんな本もあります！

- 子どもといく 東京ディズニーランド ナビガイド 2024-2025 シールつき
- 子どもといく 東京ディズニーリゾート ナビガイド 2023-2024 シール100枚つき
- 子どもといく 東京ディズニーシー ナビガイド 2023-2024 シール100枚つき
- 目的地にラクラクたどりつける♪ マップで歩く 東京ディズニーリゾート 2024
- 東京ディズニーリゾート完全ガイド 2023-2024
- 東京ディズニーランド完全ガイド 2024-2025
- 東京ディズニーシー完全ガイド 2023-2024

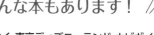

ディズニーファン・チャレンジ 公式ガイドブック

2024年4月23日　第1刷発行

編	講談社
編集協力	岡村優子　駒田文子　小宮山みのり　斎藤妙子
	境沢あづさ　島田綾子　中村裕子　農村清人
装丁・本文レイアウト	横山よしみ
写真協力	月刊「ディズニーファン」編集部
協力	株式会社サイバード
	株式会社ニュートラルコーポレーション
	ウォルト・ディズニー・ジャパン株式会社
	株式会社オリエンタルランド
発行者	森田浩章
発行所	株式会社　講談社
	〒112-8001
	東京都文京区音羽2-12-21
	編集 ☎03-5395-3142
	販売 ☎03-5395-3625
	業務 ☎03-5395-3615
印刷所	大日本印刷株式会社
製本所	大口製本印刷株式会社

ISBN978-4-06-534798-0
N.D.C.798　127p　26cm
Printed in Japan
定価はカバーに表示してあります。

 KODANSHA